W0201318

35mn la nuit. 5 €. www.emtmadrid.es/lineaAeropuerto/index.html.
Vous pouvez aussi prendre les lignes de bus **200** (Aéroport - Avenida de América) et **203** (Aéroport- Atocha), de 6h à 23h30 ttes les 15mn. De là, vous trouverez un autre bus pour rejoindre la ville ou vous pourrez prendre le métro.

➔Taxi

Stations installées à la sortie de chaque terminal. Pour rejoindre le centre-ville à l'intérieur de la Calle 30 (route ceinturant le centre) le tarif est de 30 € fixe ; comptez 30mn de trajet (sans embouteillages). En dehors de ce

se correspond
mpteur avec un

l'Atocha

au nord de la
are d'arrivée du
Paris.

martín -
au centre-ville.

avec la Puerta
assant par les
beles.

BAINS

4 403 -
s - 6h-1h30.

➔Bus : ✆ 902 507 850 - www.emtmadrid.es - 6h-23h30. Réseau pratique et rapide. La nuit, 26 lignes prennent le relais. Elles partent ttes de la plaza de Cibeles.

➔Tickets : 1,50 € le billet et 12,20 € le MetroBús (ticket de 10 trajets). Gratuit pour les -4 ans.

➔Abonnements : De 1, 2, 3, 5 ou 7 j. Ils couvrent le métro, les 3 lignes ML, les bus et les lignes Cercanías urbaines (équivalent du RER parisien).

Transports en commun p. 11.

Applications recommandées

L'aéroport de Barajas par l'architecte Richard Rogers.

L. Maisant /

Destination Madrid

Préparez votre voyage

Formalités d'entrée

Pièces d'identité – Pour les ressortissants des pays de l'Union européenne et les Suisses, carte nationale d'identité en cours de validité ou passeport. Pour les Canadiens, passeport en vigueur, valable au moins trois mois après la date de retour.

Venir en avion

« Arriver à Madrid » p. 1 pour les liaisons vers le centre-ville.

L'aéroport Adolfo Suárez Madrid-Barajas, le plus important d'Espagne, compte 4 terminaux (T), dont le T4, réalisé en 2005 par l'architecte britannique Richard Rogers et relié aux autres terminaux par une navette gratuite (env. 10mn). L'aéroport dispose de boutiques, banques (dont une ouverte 24h/24 au T1), plusieurs bureaux de change, distributeurs automatiques de billets, et deux bureaux de poste (T1 et T4). Trois consignes sont mises à disposition dans les T1, T2 et T4, de même que des points d'informations touristiques dans les T1 et T4.

Les Compagnies régulières

Depuis Paris, Bruxelles ou Genève, le vol dure en moyenne 2h.

Air France – ✆ 36 54 - www.airfrance.fr. Env. 14 vols/j. depuis Paris-Charles-de-Gaulle et 2 vols/j. depuis de Paris-Orly. Correspondances possibles vers plus de 60 villes françaises.

Iberia – ✆ 0 825 800 965 - www.iberia.com. Env. 8 vols/j. depuis Paris-Orly et plusieurs villes françaises (Bastia, Bordeaux, Brest, Lille, Lourdes, Lyon, Marseille, Nantes, Nice, Paris, Perpignan, Rennes et Strasbourg). 5 vols/j. depuis Bruxelles. 4 vols/j. depuis Genève.

Air Europa – ✆ 01 42 65 08 00 - www.aireuropa.com. 5 vols/j. pour Madrid au départ de Paris-Orly.

Brussels Airlines – ✆ 0 892 640 030 - www.brusselsairlines.fr. 5 vols/j. depuis Bruxelles.

Swiss – ✆ 0 848 700 700 - www.swiss.com. 6 vols/j. depuis Genève.

Les Compagnies « Low cost »

Easyjet – ✆ 08 26 10 33 20 - www.easyjet.com. Vols depuis Paris Charles-de-Gaulle, Lyon, Bâle-Mulhouse et Genève.

Ryanair – ✆ 08 92 78 02 10 (lun.-vend. 8h-19h) - www.ryanair.com. Vols quotidiens depuis Paris (Beauvais), Bruxelles (Charleroi) et Marseille.

Vueling – www.vueling.com. Vols depuis Paris Charles-de-Gaulle (direct) et Bordeaux, Brest, Bruxelles, Genève, Lille, Luxembourg, Lyon, Marseille, Nantes, Nice, Paris-Orly, Rennes, Toulouse.

Venir en train

Le train entre Paris-Gare de Lyon et Madrid-Atocha dure environ 10h avec une correspondance à Barcelone et

met 11h40 avec une correspondance supplémentaire à Perpignan.
SNCF – ✆ 36 35 - www.voyages-sncf.com.
RENFE – À Paris : ✆ 01 40 82 63 60 ; depuis l'Espagne : ✆ 902 320 320 - www.renfe.es.

Argent

« Pas de panique ! » p. 6.
Monnaie – L'Espagne a adopté l'**euro** depuis 2002.
Cartes de crédit – La plupart sont acceptées (sf quelques pensions et bars, de nombreux taxis). On peut cependant vous demander une pièce d'identité au moment du paiement. Carte bancaire indispensable pour réserver un hôtel ou louer un véhicule.
Distributeurs de billet – Partout en ville *(cajero automático)*.

Saisons

Madrid connaît un **climat continental**.
Printemps et automne – Les meilleures saisons pour **la** découvrir, avec des journées douces et ensoleillées. Températures moyennes : 13 °C en avril à 19 °C en mai, 23 °C en juin et septembre, 18 °C en octobre.
Été – Plutôt étouffant avec des températures moyennes en juillet-août autour de 30 °C. La ville est quasi désertée en août par les Madrilènes.
Hiver – Froid et sec, parfois très agréable, avec un ciel bleu et ensoleillé, en particulier en février. Températures moyennes autour de 5 °C, pouvant chuter brutalement la nuit ; en mars, autour de 11 °C.

Pour en savoir plus

Avant de partir

Offices espagnols de tourisme : www.spain.info.
En France – 22 r. Saint-Augustin, 75002 Paris - ✆ 01 45 03 82 50.
En Belgique – 97 r. Royale, 1000 Bruxelles - ✆ 02 280 19 26.
En Suisse – 19 Seefeldstrasse, 8008 Zurich - ✆ 4 42 53 60 50.
Au Canada – 2 Bloor Street West, M4W 3E2 Toronto - ✆ 1416 961 3131.

Sites Internet

www.esmadrid.com – Site de tourisme de la ville de Madrid.
www.turismomadrid.es – Site de tourisme de la Communauté de Madrid.

Sur place

Centro de Turismo Plaza Mayor – Plaza Mayor 27 - ✆ 91 454 44 10 - tlj 9h30-20h30.
Centro de Turismo Colón – Plaza de Colón 1 (passage souterrain) - ✆ 91 454 44 10 - tlj 9h30-20h30.
Kiosques d'information touristique – En centre-ville, sur les plazas de Cibeles et del Callao, ainsi qu'à l'aéroport aux T2 et T4.
Offices de tourisme de la Communauté autonome de Madrid – Alcalá 31 - ✆ 91 276 71 87 - lun.-sam. 8h-20h, dim. et j. fériés 9h-14h. Calle Duque de Medinaceli 2 - ✆ 91 429 49 51 - lun.-sam. 8h-15h, dim. et j. fériés 9h-14h. Bureaux fermés le 1er janv., le 1er Mai et le 25 déc. Autres points d'information aux gares de **Chamartín** (✆ 91 315 99 76) et d'**Atocha** (✆ 91 530 79 55), ainsi qu'à l'aéroport de **Barajas**, au T1 (✆ 91 305 86 56) et au T4 (✆ 91 333 80 52/ 82 47).

Votre séjour de A à Z

Ambassades

France – C/ de Salustiano Olozaga 9 - ✆ 91 423 89 00 - www. ambafrance-es. org.
Consulat - C/ Marqués de la Ensenada 10 - ✆ 91 700 78 00 - lun.-vend. 9h-13h15.
Belgique – Paseo de la Castellana, 18, 6e ét. - ✆ 915 776 300 - www. diplomatie.be/madrid - lun.-vend. sf j. fériés 8h30-14h.
Suisse – Edificio Goya - C/ Nuñez de Balboa 35A, 7e ét. - ✆ 914 363 960 - www.eda.admin.ch/madrid.html - lun.-vend. 9h-13h.
Canada – Torre Espacio - Paseo de la Castellana 259 D - ✆ 913 828 400 - www.canadainternational.gc.ca/spain-espagne/ - lun.-vend. 9h-12h30.

Banques

« Argent » p. 5 et « Horaires » p. 8.

Décalage horaire

Madrid appartient au même fuseau horaire que la France, la Belgique et la Suisse, et applique les heures d'été et d'hiver aux mêmes dates.

Électricité

Le voltage standard est de 220 V et les prises sont les mêmes qu'en France.

Handicap

Seuls les principaux monuments et musées de Madrid bénéficient d'aménagements adéquats. Néanmoins, les hôtels les plus récents et d'un certain standing possèdent des équipements adaptés. L'ensemble des hébergements mais aussi de nombreux lieux (musées, centres commerciaux…) accessibles aux personnes handicapées sont recensés dans un guide gratuit édité par la municipalité, **Guía de turismo accesible en los hoteles de Madrid** (en espagnol uniquement, disponible à l'office de tourisme de la Plaza Mayor), www.esmadrid.com/es/madrid-accesible. La majorité des bus sont équipés d'une rampe basculante et 60 % des stations de métro ainsi que les gares ferroviaires d'Atocha et Chamartín sont dotées d'un ascenseur.
« Taxi » p. 11.

PAS DE PANIQUE !
Police (Policia) – ✆ 092 (police locale) ou 091 (police nationale).
Pompiers (Bomberos) et **Urgences médicales** (Emergencias) – ✆ 112.

Vol ou perte carte de crédit
American Express – ✆ 932 170 070 (appel local). Si vous n'avez pas votre numéro de carte, contactez directement votre centre français au 00 33 1 47 77 72 00.
Eurocard/Mastercard – ✆ 91 519 1 00/90 097 12 31.
Visa – ✆ 900 991 124.

Horaires d'ouverture

Musées et monuments – 10h-19h (10h-14h le dim.) ; certains ferment à l'heure du déjeuner. La plupart sont fermés le lundi (sf les grands musées).
Banques – En général lun.-vend. 8h30-14h et sam. (sf juin-sept.) 9h-13h. Quelques agences ouvrent aussi le jeu. (16h-19h).
Commerces – En général, lun.-sam. 10h-14h puis 17h-20h, certains ne ferment pas à midi et d'autres ferment le sam. apr.-midi.
Grands magasins – 10h-21h voire 22h. Août est la période de l'année où beaucoup de magasins, restaurants et bars prennent leur congé annuel (en moyenne 15 j.).
Restaurants – Service, en général, 13h-15h30 et 20h30 (ou 21h)-0h. Mais on trouve des tapas à toute heure.
Boîtes de nuit – Si la plupart ouvrent leurs portes vers 0h30, elles ne commencent à s'animer qu'à partir de 2h.

Internet

On trouve des **cybercafés** et des **locutorios** (télé-boutique) avec connexion à haut débit partout, en particulier autour de la Puerta del Sol. Beaucoup d'hôtels et certains bars proposent une connexion Wi-Fi.

Jours fériés

Agenda culturel p. 14.
1er janvier – Jour de l'an.
6 janvier – Épiphanie, fête des Rois.
19 mars – Saint-Joseph (pas ts les ans).
Avril (dates variables) – Jeudi et Vendredi saints (avant Pâques).
1er mai – Fête du Travail.
2 mai – Fête de la Communauté autonome de Madrid.
15 mai – Fête de la San Isidro, le patron de Madrid.
15 août – Ascension de la Vierge et fête de la Paloma.
12 octobre – Fête nationale espagnole.
1er novembre – Toussaint.
9 novembre – Fête de la Vierge de la Almudena (pas tous les ans).
6 décembre – Jour de la Constitution.
8 décembre – Fête de l'Immaculée Conception.
25 décembre – Noël.

Offices de tourisme

Pour en savoir plus p. 5.

Pass touristiques

Les pass touristiques sont en vente sur le site **www.neoturismo.com** (remise 5 %), par téléphone (913 604 772/902 088 908), dans les offices de tourisme, les kiosques Madrid *City Tour*, la plupart des agences de voyages et dans les grands hôtels.
Madrid Card – Accès gratuit à plus de 40 musées,aux visites guidées *Descubre Madrid* (Centro de Turismo de Plaza Mayor) et à de nombreuses attractions pour les enfants. Réductions dans de nombreux restaurants, théâtres et *tablaos* de flamenco. Valable de 24 à 120h, elle coûte de 45 à 75 € (6-12 ans 32 à 45 €) et est accompagnée d'un plan de la ville. Faites cependant bien vos comptes en fonction de ce que vous

voulez visiter, car pour l'amortir, il faut voir beaucoup de choses !

Poste

Vous trouverez des timbres *(sellos)* dans les bureaux de poste *(correos)* et les bureaux de tabac *(estancos)*. Comptez 2 à 4 j. pour acheminer une lettre en Europe. Il existe également un service exprès. Pour plus de détails, consultez le site de la poste espagnole, www.correos.es.

Pourboire

En Espagne, les établissements incluent le prix du service dans les prix affichés. Le pourboire n'est pas attendu, mais on peut toujours laisser 5 à 10 % du montant de l'addition pour le *bote*, la tirelire commune aux serveurs, ou arrondir le prix de la course du taxi si l'on est satisfait du service.

Presse

Vous trouverez des journaux français sur les grands axes touristiques, sur la Puerta del Sol, la plaza Isabel II (place de l'Opéra), la Gran Vía, ainsi qu'à la FNAC et sur la plaza del Callao.
Pour connaître l'**agenda culturel**, vous pouvez acheter en kiosque, tous les vendredis, la **Guía del Ocio** (www.guiadelocio.com/madrid, un équivalent de *L'Officiel des spectacles* parisien), vendu avec le journal *El País* (1 €).
Les autres quotidiens espagnols locaux *(El Mundo, ABC, La Razón…)* publient aussi un guide culturel hebdomadaire. Dans un registre plus branché ou spécialisé, de nombreuses publications gratuites paraissent mensuellement.
Vous les trouverez dans les bars, restaurants et boutiques de Chueca ou de Malasaña, au mercado Fuencarral et dans les offices de tourisme.
In Madrid (www.inmadrid.com) sur la vie madrilène, l'agenda culturel et les sorties du mois, en anglais.

Restauration

Nos adresses p. 1 et Pour en savoir plus/Vie quotidienne p. 116.
On peut manger à toute heure. De nombreux établissements proposent un service non-stop, en particulier dans les cafétérias et les bars où l'on sert très souvent des tapas, plats combinés, et sandwichs.
Les Espagnols aiment prendre leur **petit-déjeuner** *(desayuno)* au café du coin, ce qui tombe bien puisque la majorité des *hostales* n'en servent pas. Il est souvent composé d'un café au lait *(café con leche)* et d'une tartine à l'huile d'olive *(tostada con aceite de oliva)* ou frottée de tomate *(tostada con tomate)*. La moins dépaysante tartine beurre-confiture *(tostada con mantequilla y mermelada)* est également très populaire. Les plus gourmands pourront se délecter d'un *chocolate con churros*, épais chocolat chaud accompagné des célèbres beignets espagnols. Il arrive que, pour couper la longue matinée, les Espagnols se retrouvent vers 11h30 à la cafétéria en bas de leur bureau pour grignoter un encas.
Attention, pour un café noir, commandez un *café solo* ; si vous demandez un « café », on vous servira immanquablement un café au lait.

Le repas principal en Espagne est le **déjeuner** *(almuerzo)* servi entre 13h et 15h30. La plupart des restaurants proposent le midi un *menu del día*, menu du jour (entrée, plat, dessert ou café, boisson et pain compris). Il s'agit d'une bonne option pour un repas complet à prix doux (de 10 à 15 €).

Vers 20h, après le travail, alors que le reste de l'Europe s'apprête à dîner, les Madrilènes se retrouvent entre amis ou en famille dans les bars pour l'**apéritif** autour de quelques tapas, d'une bière fraîche ou d'un verre de Rioja ou de Ribera del Duero. Souvent, surtout en fin de semaine, cette dégustation se prolonge et tient lieu de dîner.

Le soir, les restaurants servent le **dîner** *(cena)* à partir de 20h30-21h jusqu'à 23h30, voire 0h le w.-end. En Espagne, on invite parfois chez soi mais on se réunit plus volontiers à l'extérieur autour de tapas ou au restaurant. Il est donc conseillé de réserver le soir, surtout en fin de semaine.

Beaucoup de restaurants ferment les dim. soir et lun. et prennent leurs congés annuels en août (généralement 15 j.).

Savoir-vivre

Pour en savoir plus/Les Madrilènes p. 114 et Vie quotidienne p. 116.

Le contact – Ne vous formalisez pas, les Espagnols peuvent paraître rudes mais il ne s'agit jamais d'agressivité ou de malveillance.

Le temps – En comparaison avec les habitants d'autres capitales européennes, les Madrilènes aiment prendre le temps de vivre et de se parler. À la sortie des bureaux, ils vont souvent prendre un verre, plutôt que de rentrer chez eux. L'échange est ainsi très facile et naturel. Les Espagnols sont assez bavards et peuvent lier **conversation** très rapidement. Le **tutoiement** est souvent spontané et les bars et la vie nocturne sont le terrain privilégié pour faire connaissance.

Le bruit – La notion de bruit en Espagne diffère de celle que l'on a en France, vous le remarquerez dans les bars et restaurants où le **niveau sonore**, souvent très élevé, ne semble déranger personne. Vous serez peut-être surpris de la précipitation avec laquelle les gens s'engouffrent dans les rames de **métro**, ou de l'utilisation abusive et sonore du téléphone portable dans les transports publics et les restaurants.

Sécurité

Madrid est une ville assez sûre. Mais si les agressions physiques sont rares, les **vols** sont plus fréquents. Faites donc attention dans les endroits touristiques, aux environs des musées (voire à l'intérieur !), sur le marché du Rastro et même dans les bars, restaurants et salles de spectacles (attention aussi aux poches de la veste posée sur un dossier de chaise !).

SATE (service au touriste étranger) - Comisaría de Policía de Centro – C/ Leganitos 19 - ✆ 902 102 112 - 9h-0h. En cas de problème, adressez-vous à ce service qui vous facilitera les démarches suivantes ; opposition pour les cartes de crédits, contact avec l'ambassade, etc. Il fournit aussi des informations touristiques.

Taxi

Arriver à Madrid p. 1.
Stations de taxi dans toute la ville, signalées par un panneau bleu portant la lettre « T » en blanc.
Il est préférable d'avoir des espèces, car les chauffeurs acceptent très rarement le paiement par carte de crédit. Lun-vend, prise en charge : 2,40 € entre 6h-21h, 2,90 € la nuit (21h-6h) ; w.-end et j. fériés : 2,90 €.
Pour héler un taxi, placez-vous au bord du trottoir et levez le bras. Si le voyant vert sur le toit est allumé, le taxi est libre, s'il est éteint, le taxi est occupé.
Radio-Taxi Gremial – ✆ 914 473 232/ 14 475 180 - www.radiotaxigremial.com.
Radio-Taxi Independiente – ✆ 914 051 213 - www.radiotaxiindependiente.com.
Radioteléfono Taxi – ✆ 915 478 200/ 902 478 200 - www.radiotelefono-taxi.com. Ils disposent d'**Euro taxi** (avec accès adapté aux handicapés)
Tele-taxi – ✆ 913 712 131 ou 902 501 130 - www.tele-taxi.es. **Euro taxi** également.

Téléphone

Évitez de téléphoner depuis les hôtels qui surtaxent les communications. Appelez plutôt d'un *locutorio* (télé-boutique) ou d'une cabine téléphonique (mais beaucoup ne marchent plus) qui acceptent les cartes téléphoniques *(tarjetas telefónicas)*, voire les cartes de crédit. Pour les appels nationaux, la carte téléphonique de l'opérateur espagnol **Telefónica** est la plus intéressante. Pour les appels internationaux, achetez plutôt une carte d'appel internationale vendue dans les *locutorios* et les tabacs.

Appels internationaux

Pour appeler Madrid depuis l'étranger : 0034 + numéro du correspondant à 9 chiffres.
Pour appeler hors d'Espagne : 00 + indicatif du pays (33 pour la France) + numéro du correspondant sans le 0 initial pour la France.

Appels locaux

Tout appel, local ou interurbain, se compose de 9 chiffres et débute par l'indicatif provincial en général à 2 chiffres (**91** pour la Communauté autonome de Madrid).
Renseignements – 118 88 (numéro national) ou 010 (numéro gratuit de la municipalité de Madrid). www.paginasblancas.es (pages blanches) ou www.paginasamarillas.es (pages jaunes).

Transports en commun

Plan des transports au dos du plan détachable, à l'intérieur de la couverture.

Métro

www.metromadrid.es - ✆ 902 444 403. Le reseau s'étend sur plus de 290 km et comprend 300 stations. Les 12 lignes de **métro** portent un numéro de 1 à 12 et sont de couleur différente ; Il exite 3 lignes de tramway (*metro ligero*, ML). Les lignes de métro sont prolongées par les **Cercanias**, l'équivalent du RER français. Il fonctionne tlj, de 6h à 2h, ttes les 3-4mn aux heures de pointe, ttes les 15mn la nuit (à partir de 0h).

Tickets et tarifs – Tickets et cartes de métro en vente dans les stations de métro et les bureaux de tabac.
Pour la zone A (Madrid ville) : **ticket simple** pour un voyage : 1,50 € (jusqu'à 5 stations)-2 € (0,10 € par station additionnelle jusqu'à 2 € maxi) ; carte **Metrobús** de 10 voyages : 12,20 €.
Abonnements touristiques *(Abono Transportes Turístico)* : de 8,40 € (1 j.) à 35,40 € (7 j.) pour la Zone A.

Bus

www.emtmadrid.es.
L'**EMT** (*Empresa Municipal de Transporte*) compte plus de 200 lignes. Si les principales artères de la ville sont équipées de voies réservées aux bus, ces derniers n'échappent pas aux **embouteillages** récurrents de la capitale (à éviter aux heures de pointe). Les bus, climatisés et accessibles aux personnes à mobilité réduite, circulent tlj, de 6h (5h30-6h30)-23h30, ttes les 3 à 15mn selon le créneau horaire, moindre le w.-end. Ils pratiquent les mêmes tarifs que le métro. Attention, contrairement au ticket simple, la carte Metrobús de 10 voyages n'est pas vendue à bord des bus.

Se déplacer la nuit

Búhos *(hiboux)* – Bus de nuit au départ de la **plaza de Cibeles** sur 20 trajets différents. Circulent dim.-jeu. et j. fériés, ttes les 35mn, de 23h55 à 4h (dernier bus à 5h10). Les vend., sam. et veilles de j. fériés, leur fréquence augmente : ttes les 15 à 20mn, de 23h45 à 5h30. Tarif : 1,50 €.
Metrobúhos – Bus nocturnes (12 lignes) qui circulent les nuits du w.-end et la veille des j. fériés et dont les trajets correspondent au réseau du **métro**. Premier départ entre 0h45 et 1h35, dernier départ à 5h45. Ttes les 15 à 20mn. Tarif : 1,50 €.

Vélo

Madrid se met de plus en plus au vélo. Ces derniers temps, de nombreuses pistes cyclables ont été aménagées. La plus connue, l'*Anillo Verde* (anneau vert), forme un cercle de 65 km autour de la capitale. Soyez prudents !
Madrid Río p. 94.
Plan de pistes : www.infobicimadrid.es.
BICIMad, un système de vélos électriques en libre service, devrait être opérationnel courant 2014.

Visites guidées

À pied ou à vélo

Le **Centro de Turismo de Madrid** (*coordonnées p. 5*) propose un vaste programme de visites guidées **Descubre Madrid** (plus de 40 visites par semaine), à pied ou à vélo (www.esmadrid.com/visitesguidees/portal.do). Départ tlj Plaza Mayor ; en espagnol, anglais, français. Comptez 5,90 € pour les visites à pied et 6,90 € à vélo (venir avec le vélo) ; gratuit pour les titulaires de la carte touristique **Madrid Card**.
Carpetania Madrid – C/ Jesús del Valle 11 - ✆ 91 531 40 18 - www.carpetaniamadrid.com. Collectif de guides touristiques, tous licenciés en histoire de l'art, pour découvrir la capitale de jour et de nuit suivant des thèmes historique, littéraire, et

Le Guide Vert MICHELIN
emmène les curieux plus loin !
BRÉSIL
ITALIE DU NORD
BARCELONE ET LA CATALOGNE
FLORIDE
MICHELIN
Une meilleure façon d'avancer

artistique. Groupe jusqu'à 10 pers. : 100 € (1h30), 200 € (4h) ; entre 11 et 20 pers. : 130 € (1h30), 250 € (4h).

En bus touristique

Madrid City Tour – Bus touristique à impériale proposant deux circuits. Vous pouvez monter ou descendre en cours de route avec le même ticket et planifier vous-même vos visites. Billet pour une journée (audioguide inclus) à 21 € (7-15 ans 10 €). Pour 2 j., comptez 25 € (7-15 ans 13 €). Achat des billets en ligne sur www.madridcitytours.com (meilleurs prix), ou directement dans l'autobus et aux agences Madrid *City Tour* – ☏ 902 024 758 (24h)- C/ Felipe IV, à côté du musée du Prado. Attention, les entrées de musées ne sont pas comprises dans le billet Madrid Visión.

Circuits gourmands

Adventurous Appetites – Visites originales en anglais de Madrid à travers la tournée des bars à tapas (8 pers. max.). Comptez 50 €/pers., moins si on paye à l'avance par Internet (une boisson comprise, le reste à vos frais). Départ tlj sf dim. à 20h au pied de la statue de l'ours (angle Puerta del Sol et C/ de Alcalá), durée 4h, sur réservation uniquement au 639 331 073 ou sur www.adventurousappetites.com.

Agenda culturel

Rendez-vous annuels

JANVIER-FÉVRIER

➔**Cabalgata de los Reyes Magos** – (5 janv.) Cortège de chars symbolisant l'arrivée des Rois mages, défilant sur la rue de Alcalá jusqu'à la Plaza de Cibeles.

➔**ARCO** – (4 j. fin fév.) Foire internationale d'art contemporain, au parc des expositions Juan-Carlos Ier. www.arco.ifema.es.

➔**Teatralia** – (3 semaines en mars.) Festival des arts scéniques pour les enfants. www.encuentroteatralia.com.

AVRIL

➔**Processions de la Semana Santa** (Semaine sainte) au départ de beaucoup d'églises de la ville les Jeudi et Vendredi saints, dim. et lun. de Pâques.

➔**Festimad** – (fin avr.-début mai) Le plus important festival musical de la capitale (rock, pop, jazz, musique électronique, flamenco…). www.festimad.es.

MAI-JUIN

➔**Fête populaire de la plaza Dos de Mayo** – (2 mai) Kermesse et concerts gratuits sur la place Dos de Mayo et au jardin de las Vistillas.

➔**Documenta Madrid** – (10 j. début mai) Festival international de documentaires de Madrid. www.documentamadrid.com.

➔**Mutua Madrid Open de Tennis** – (1ère quinz.-mai) Cet événement sportif, qui réunit l'élite du tennis, a pour siège la Caja Mágica, œuvre de l'architecte français Dominique Perrault.

➔**Feria de San Isidro** – (autour du 15 mai) Processions religieuses en l'honneur du patron de la ville, concerts dans le jardin de las Vistillas et corridas quotidiennes.

➔**Feria del Libro** – (2 semaines fin mai-déb. juin) Fête du Livre au parc du Retiro. www.ferialibromadrid.com.

➔**Festival de Otoño a Primavera** (Festival d'automne au printemps) – (déb.-oct.-fin-juin) Le plus grand festival de danse, théâtre et musique de Madrid. www.madrid.org/fo/.

➔**Suma Flamenca** – (mois de juin) Important festival de flamenco, organisé par la Communauté autonome de Madrid dans la capitale et d'autres localités de la Communauté. www.madrid.org/sumaflamenca/.

➔**Orgullo Gay** – (le dernier sam. de juin) Défilé de la Gay Pride, chars et animations de rue. www.orgullogay.org.

➔**PHoto España (PHE)** – (juin-juil.) Festival international de photographie, nombreuses expositions dans les galeries d'art, hôtels, parcs, musées… www.phedigital.com.

JUILLET-AOÛT

➔**Veranos de la Villa** – concerts et activités culturelles en plein air (jardins de Sabatini, Casa de Campo) ou dans des théâtres. http://veranosdelavilla.esmadrid.com.

➔**Fiestas de La Paloma** – (mi-août) Fêtes patronales de San Cayetano, San Lorenzo et de la Vierge de la Paloma, kermesse, démonstration de *chotis* et concerts gratuits à Lavapiés et à La Latina.

OCTOBRE-NOVEMBRE

➔**Lesgai Cine Mad** – (fin oct.- début nov.) Festival international du cinéma gay et lesbien. www.lesgaicinemad.com.

➔**Madrid en Danza** – (3 semaines en nov.) Festival international de danse contemporaine, dans les théâtres del Canal, Pradillo, Sala Cuarta Pared, La Abadía…

➔**Cinemad** – (mi-nov.) Semaine du cinéma indépendant de Madrid. www.cinemad.org.

+ d'adresses

Le marché de San Miguel.

R. Mattes /

Nos adresses

Se loger

Il est préférable de réserver, surtout pour les w.-ends et en mai, au moment de la **San Isidro**. Pratiquement tous les hôtels et pensions ont un site Internet ; nous vous conseillons d'adopter ce mode de réservation qui propose souvent les meilleurs tarifs.
Quelques **centrales de réservation** en ligne : *www.expedia.com, www.hotels.com, www.centralr.com, www.booking.com, www.madridhotels.it* ou *www.30madrid.com*.
Si vous avez le sommeil léger, prévoyez des bouchons d'oreilles ou demandez une chambre donnant sur l'intérieur.
Les prix correspondent à une chambre double pour 2 pers. sans petit-déj. (précisé, s'il est inclus), en haute saison. Les *hostales* incluent souvent la taxe dans leur prix, mais les hôtels de catégorie supérieure la rajoutent à l'addition. Sachez que les hôtels d'affaires sont moins chers le w.-end. Wi-Fi gratuit dans la plupart des hostales et des hôtels.
Les adresses sélectionnées ci-dessous sont positionnées sur le plan détachable à l'intérieur de la couverture ; elles sont repérables grâce à des pastilles numérotées (ex. 1). Les carroyages en rouge dans le texte font référence au plan détachable.

Dans la vieille ville

→HÔTELS

MOINS DE 70 €

1 **Hostal Santa Cruz** – D5 - *Pl. Santa Cruz, 6, 2e - Sol - 91 522 24 41 - www.hostalsantacruz.com - - 16 ch. 45/55 €*. Un établissement fort bien tenu, situé sur la délicieuse place de Santa Cruz, à côté de la Plaza Mayor. Les chambres, toutes avec salle de bains, sont parfois exigües mais toujours claires et pourvues d'un balcon. Celles donnant sur la placette baignée de soleil sont particulièrement agréables.

2 **Hostal Acapulco** – D5 - *C/ Salud, 13, 4e - Gran Vía - 91 531 19 45 - www.hostalacapulco.com - - 16 ch. 59 €*. Des chambres au calme, une propreté irréprochable, un accueil sympathique et efficace et un bon rapport qualité-prix font de cette adresse une valeur sûre. Propose également des chambres triples et quadruples. L'adresse se remplit vite, réservez !

PLUS DE 100 €

3 **Palacio San Martín** – D5 - *Pl. San Martín, 5 - Callao ou Ópera - 91 701 50 00 - www.hotelpalaciosanmartin.es - - 94 ch. 98/258 € - petit-déj. buffet 13,50 €. Tarifs intéressants* via *le site Internet*. Ambassade des États-Unis dans les années 1950, cet ancien palais du 19e s. est aujourd'hui un hôtel de luxe aux chambres classiques et cosy. Le restaurant offre des tapas traditionnelles et des plats de cuisine créative ; terrasse très agréable.

4 **Petit Palace Posada del Peine** – D5 - *C/ Postas, 17 - Sol - 91 523 81 51 - www.hthoteles.com - - 69 ch. 130/320 €*. La chaîne d'hôtels Petit Palace a envahi la capitale espagnole, rénovant

avec audace de beaux bâtiments anciens. On y conjugue le confort moderne (TV plasma, douche à hydromassage, ordinateur connecté à Internet, voire vélo d'appartement…) au cachet d'origine (sol dallé de pierre, poutres apparentes, murs en brique). Située à coté de la Plaza Mayor, la Posada del Peine occupe les murs du plus ancien établissement hôtelier d'Espagne, fondé en 1610.

Autour de la plaza Santa Ana

→PENSIONS

MOINS DE 70 €

8 **Hostal Alaska** – D5 - *C/ Espoz y Mina, 7, 4e D - Sol - 91 524 92 08 - www.hostalalaska.es - -7 ch. 52/55 €. Chambre familiale (jusqu'à 6 pers.), 79/120 €.* Au cœur de l'animation du quartier, ce grand appartement transformé en pension intime est une véritable aubaine. On s'y sent comme à la maison : accueil personnalisé, chambres calmes, sobres et de bonne taille. Toutes différentes, celles donnant sur la rue sont dotées d'un double vitrage (notre préférée, la n° 7, a de belles poutres apparentes).

9 **Hostal Marlasca** – D5 - *C/ Cruz, 14, 2e - Sol - 91 521 48 38 - www.hostalmarlasca.net - - 30 ch. 52/68 €.* Outre un service impeccable, cette sympathique pension au style néoclassique propose des chambres personnalisées : moustiquaire, tableaux aux murs, balcon pour certaines (beaucoup plus bruyantes).

10 **Hostal Ana Belén** – D5 - *C/ Espoz y Mina, 2, 4e - Sol - 91 532 94 44 - www.hostalanabelen.com - - 10 ch. 55/65 €.* Cette pension toute simple réunit tous les ingrédients d'une bonne adresse : localisation centrale, chambres lumineuses, impeccables et bien équipées, accueil attentionné, tarif attrayant.

11 **Hostal Adriano** – D5 - *C/ Cruz 26, 4e - Sol - 91 521 13 39 - www.hostaladriano.com - - 22 ch.* Couleurs acidulées et soin du détail caractérisent chacune des chambres de cet établissement familial. Coquettes et plutôt bien équipées (petit frigo, prise ADSL…), certaines s'avèrent cependant mal insonorisées : prévoyez vos boules Quiès car la rue est très animée la nuit !

DE 70 À 90

12 **Lapepa Chic B&B** – E5 - *Plaza de las Cortes, 4, 7e - Sevilla - 648 474 742 - www.lapepa-bnb.com - - 13 ch. 80/90 € - petit-déj. inclus.* Vous cherchez un B&B chic ? Le voilà ! Aménagé dans un bel immeuble Art nouveau, il béneficie d'un magnifique emplacement, à coté de Las Cortes, et à deux pas du Prado et du musée Thyssen. Dans les tons blancs et rouges, le décor moderne et soigné, présente quelques touches originales et sympathiques. Chambres confortables et agréable accueil.

→HÔTELS

PLUS DE 120 €

15 **Room Mate Alicia** – E5 - *C/ Prado, 2 - Sevilla ou Sol - 91 389 60 95 - www.alicia.room-matehotels.com - - 34 ch. - petit-déj. inclus.* Envie

de rompre avec le Madrid traditionnel ? Cet hôtel aux chambres claires et design adopte le concept de la chaîne Room Mate, alliant fonctionnalité, confort moderne et lignes contemporaines, le tout à un prix encore abordable. Pour obtenir les meilleurs tarifs, réservez sur Internet.

16 **Urban Hotel** – **E5** - *Carrera de San Jerónimo, 34 - Sevilla - 91 787 77 70 - www.derbyhotels.es - - 102 ch. 150/535 € - petit-déj. buffet 23 €.* Cet hôtel contemporain surprend par sa décoration avant-gardiste alliant design et style ethnique. Chambres très raffinées au parquet sombre. Ajoutez à cela un minimusée égyptien, un excellent restaurant gastronomique, un bar très tendance et une piscine à ciel ouvert sur la terrasse du toit (ouverte au public en été, 23h-3h).

Autour du paseo del Prado

➔HÔTELS

DE 70 À 90 €

17 **Hotel Mora** – **E6** - *Paseo del Prado, 32 - Atocha - 91 420 15 69 - www.hotelmora.com - - 61 ch.* À deux pas des principaux musées, cet hôtel dispose de chambres simples et spacieuses, dont certaines jouissent d'une vue agréable sur le jardin botanique.

PLUS DE 120 €

Dans ce quartier se trouvent certains des grands hôtels de luxe de la ville :

Hôtel Ritz – **E5** - *Plaza de la Lealtad, 5 - Banco de España - 91 701 67 67 - www.ritzmadrid.com.*

Westin Palace – **E5** - *Plaza de las Cortes, 7 - Banco de España - 91 360 80 00 - www.westinpalacemadrid.com.*

18 **AC Palacio del Retiro** – **F5** - *C/ Alfonso XII, 4 - Retiro - 91 523 74 60 - www.hotelacpalaciodelretiro.com - - 50 ch. 230/305 € - petit-déj. buffet 29 €.* Superbement situé face au parc du Retiro, dans un palace du début du 20e s., cet hôtel au style contemporain et raffiné a su, malgré tout, préserver son charme d'antan : parquet d'époque, élégants marbres et stucs, splendides plafonds décorés. Spa avec sauna et fitness.

Gran Vía - Malasaña - Chueca

➔PENSIONS

MOINS DE 70 €

21 **Hostal Benamar** – **E3-4** - *C/ San Mateo, 20, 2e - Tribunal - 91 308 00 92 - www.hostalbenamar.es - 19 ch. 50 €.* Bon rapport qualité-prix pour cette pension toute simple avec salle de bains dans toutes les chambres. Son emplacement, face au musée du Romantisme, dans une petite rue de ce quartier animé, est parfait pour ceux qui aiment faire la fête et le shopping. À savoir : l'hostal se trouve au 2e étage sans ascenseur.

20 **Hostal María Cristina** – **E4** - *C/ Fuencarral, 20 - Gran Vía ou Chueca - 91 531 63 00 - www.hmcristina.es - 20 ch. 45/53 €.* Depuis près de trente-cinq ans, l'efficace Elsa tient cette pension classique et confortable au cœur de l'animation branchée de la calle

Bar de l'hôtel Urban.

Fuencarral. Un rapport qualité-prix très intéressant et un bon emplacement pour les accros du shopping et des sorties.

DE 70 À 100 €

22 Hostal Santo Domingo – D4 - *C/ Luna, 6, 2e I - Callao - 91 531 32 90 - www.hostalsantodomingo.es - - 20 ch.* Cette pension de famille soigne ses convives et le style de ses chambres. L'accueil est prévenant et le cadre aux lignes modernes et épurées allie confort et fonctionnalité (lit douillet, douche hydromassante, TV plasma…). Signalons que les douches ou les baignoires-jacuzzi sont souvent dans la chambre.

➔HÔTELS

PLUS DE 100 €

23 Abalú – D4 - *C/ Pez, 19 - Noviciado - 91 531 47 44 - www.hotelabalu.com - - 30 ch.* Intime et design, Abalú offre un accueil convivial avec le confort d'un grand hôtel. Éclairage soigné, décor blanc immaculé et ambiance zen. Bons prix sur Internet.

24 Hotel de Las Letras – E5 - *Gran Vía, 11 - Gran Vía - 91 523 79 80 - www.hoteldelasletras.com - - 109 ch. - petit-déj. buffet 17 €.* Splendide hôtel contemporain aménagé dans un immeuble de caractère du début du 20e s. Citations et poèmes ponctuent discrètement les murs. L'éclairage est travaillé et les chambres sobrement colorées. L'ensemble est chaleureux et raffiné. En complément, un restaurant moderne et original, une salle de sport, un espace bien-être et une superbe terrasse sur le toit. Un excellent rapport qualité-prix dans sa catégorie *(à partir de 120 €).*

Salamanca - Castellana

➔PENSION

MOINS DE 80 €

25 Hostal Residencia Don Diego – F3 - *C/ Velázquez, 45, 5e, 6e, 7e - Velázquez - 91 435 07 60 - www.hostaldondiego.com - - 58 ch. - petit-déj. 5,50 € - pas de Wi-Fi dans les chambres.* L'une des rares pensions du quartier occupe les trois derniers étages d'un édifice d'une rue commerçante. Le service est impeccable et le petit-déjeuner est servi en chambre ou dans l'élégant salon aux sofas de cuir. Les chambres, calmes et confortables, donnent sur les patios intérieurs. Très bon rapport qualité-prix pour le quartier.

Se restaurer

La **vieille ville** et le quartier autour de la **plaza Santa Ana** foisonnent de restaurants de toute sorte, de la taverne populaire au restaurant design, en passant par le restaurant mexicain, cubain ou argentin... Évitez les terrasses de la **Plaza Mayor**, aux tarifs prohibitifs. Pour les restaurants branchés à la cuisine fusion et créative, dirigez-vous vers **Chueca** ou **Malasaña** qui conservent aussi quelques bons petits restaurants économiques. Enfin, les tables haut de gamme se concentrent surtout dans le quartier huppé de **Salamanca**.

Pour plus d'informations pratiques, voir aussi les rubriques « Destination Madrid/Restauration » p. 9.

Reportez-vous aussi au chapitre « Prendre un verre », ci-après : certaines des adresses de la sélection servent des repas légers, parfaits pour déjeuner.

Les adresses sélectionnées ci-dessous sont positionnées sur le plan détachable à l'intérieur de la couverture ; elles sont repérables grâce à des pastilles numérotées (ex. 1). Les carroyages en rouge dans le texte font référence au plan détachable.

Dans la vieille ville

➔DÉJEUNER

AUTOUR DE 15 €

5 **Casa Labra** – D5 - *C/ Tetuan, 12 - Sol - 91 531 00 81 - www.casalabra.es - 9h30-15h30, 17h30-23h.* Habitués et touristes avisés se bousculent aux portes de cette taverne de 1860, célèbre pour ses beignets et croquettes de morue. Pour l'anecdote, c'est entre ses murs que se constitua clandestinement le Parti socialiste ouvrier espagnol en 1879. Possibilité de s'attabler dans la salle à manger, cachée derrière le bar.

DE 15 À 30 €

10 **Mercado de San Miguel** – D5 - *Plaza de San Miguel - www.mercadodesanmiguel.es - Sol - 10h-0h, jeu.-sam. 10h-2h.* Incontournable, cet ancien marché couvert du début du 20e s. est un lieu charmant et très à la mode pour prendre des tapas. Sous la belle structure de fer forgé et la verrière, les anciens étals offrent toutes sortes de tapas et *raciones*. Inconvénient : c'est toujours plein, surtout le w.-end et le soir.

6 **Taberna Los Huevos de Lucio** – D6 - *Cava Baja, 30 - La Latina - 91 366 29 84 - www.casalucio.es - tlj sf mar. 13h-16h, 20h30-0h - fermé 7-15 août.* Version moins guindée et moins onéreuse de la maison mère, la célèbre Casa Lucio, qui lui fait face. On y joue des coudes en fin de semaine, à juste titre car les *raciones* y sont simplement délicieuses et copieusement servies. Difficile d'échapper aux *huevos estrellados*, la spécialité familiale. N'hésitez pas à varier les plaisirs, les aubergines frites accompagnées d'un *salmorejo* sont croustillantes à souhait.

7 **Matritum** – D6 - *CavaAlta, 17 - La Latina - 91 365 82 37 - www.matritum.es - merc.-dim. 13h-16h30, 20h30-0h30 - fermé lun. et mar. apr.-midi.*

L'endroit rêvé pour les adeptes de Bacchus. Novices ou fins palais seront séduits par ce bistrot à vins à l'atmosphère chaleureuse et raffinée, sans fioritures excessives. La carte des vins rassemble plus de 200 références, principalement espagnoles. Laissez-vous guider ou optez pour la sélection de la semaine. Le chef compose tapas et plats délicats et inventifs.

PLUS DE 30 €

8 Botín – **D6** - *C/ de los Cuchilleros, 17 - Sol ou La Latina - 91 366 42 17 - www.botin.es - 13h-16h, 20h-0h.* Difficile de ne pas citer cet établissement fondé en 1725, connu comme le plus ancien restaurant du monde ouvert sans interruption (certifié par le Guinness des records !). Certes très touristique, ce n'en est pas moins une table historique honorable, aux spécialités de viandes rôties savoureuses (cochon de lait, agneau…) et au service impeccable. Réservation recommandée.

→DÎNER

PLUS DE 30 €

9 Orixe – **D6** - *Cava Baja, 17 - La Latina - 91 354 04 11 - www.orixerestaurante.com - tlj sf dim. soir et lun. - menu déj. mar.-vend. 16 €.* Rompant avec le cliché du typique restaurant galicien rustique, cet établissement au décor contemporain épuré présente une carte de spécialités régionales volontairement limitée, qui fait la part belle au poisson frais. Bonne sélection de vins blancs galiciens. Réservation recommandée le soir. Bonnes tapas et *raciones* au comptoir.

Autour du palais royal

→DÉJEUNER

DE 15 À 30 €

14 Café de Oriente – **C5** - *Plaza de Oriente, 2 - Ópera - 91 547 15 64 - www.grupolezama.es - menu déj. en sem. 13,60 €, le w.-end 18,50 €.* Le restaurant formel propose des menus gastronomiques de qualité mais chers, appréciés à la sortie de l'Opéra. Nous vous recommandons plutôt cette adresse pour le petit-déjeuner ou un déjeuner de style brasserie. La déco évoque les chemins de fer du 19e s. et le service est prompt et stylé. On y mange aussi bien des tapas que des snacks ou le menu du jour. La terrasse face au palais royal est le grand atout de cette adresse où l'on peut aussi se contenter d'un café ou d'un chocolat. Vous pouvez aussi opter pour son « jumeau », le **Botillería del Café de Oriente** – *Plaza de Oriente, 3 - 91 548 46 20 - menu déj. lun.-vend. 13,60 €, menu w.-end et dîner 16 €.*

PLUS DE 30 €

15 La Bola – **D5** - *C/ de la Bola, 5 - Santo Domingo - 91 547 69 30 - www.labola.es - tlj sf dim. soir 13h30-16h, 20h30-23h30 - menu 27/42 €.* Dans une ambiance chaleureuse et animée de taverne traditionnelle, les serveurs s'affairent, très professionnels. Depuis 1870 il a forgé sa réputation sur son *cocido madrileño*, probablement le plus célèbre de Madrid.

→DÎNER

PLUS DE 30 €

16 Teatro Real – **D5** - *Plaza Isabel II, 2 - Ópera - 91 516 06 70 - www.teatro-*

real.com - 13h30-17h, 20h30-0h - fermé en août - menu dégustation 55 €, menu déj. 38,50 €. Installée dans l'ancienne salle de bal de l'Opéra Royal, cette table élégante impressionne par son cadre spectaculaire. Les tables rondes nappées de blanc, entre murs carmin et ciel étoilé, servent de préambule théâtral à une cuisine méditerranéenne raffinée. Belles spécialités de poisson.

Autour de la plaza Santa Ana

➔DÉJEUNER

DE 15 À 30 €

19 **Al Natural** – E5 - *C/ Zorilla, 11 - Banco de España - 91 369 47 09 - www.alnatural.biz - tlj sf dim. soir 13h-16h, 20h30-0h - menu déj. lun.-vend. 12,20 € ; menu dégustation 23 €.* À deux pas du Prado, dans un cadre rustique mêlant effigies de Bouddha et paniers en osier, ce restaurant végétarien sert de belles salades copieuses, un large choix de plats végétariens parfumés et de délicieux desserts maison.

21 **Taberna La Dolores** – E6 - *Plaza Jesús, 4 - Antón Martín - 91 429 22 43 - - 11h 1h (2h vend.-sam.).* On aime la très belle façade d'*azulejos* et le comptoir typique tout en longueur de ce bar à tapas qui officie depuis plus d'un siècle. Une référence dans le quartier, réputée pour ses bières pression et ses tapas froides de saumon, d'anchois ou de canard. Venez tôt en été pour avoir une chance de vous attabler près des fenêtres.

35 **VI COOL by Sergi Arola** – E6 - *C/ Huertas, 12 - Antón Martín - 91 429 49 13 - tlj 13h-16h, 20h-0h - menu lun.-vend. 12,90 €, menu dégustation tapas 20 €.* Installé sur deux étages, cet établissement moderne et tendance offre une cuisine contemporaine et sans prétention. C'est l'option bon marché du chef réputé Sergi Arola. Service très aimable.

DE 20 À 30 €

22 **La Gloria de Montera** – E5 - *C/ Caballero de Gracia, 10 - Gran Vía - 91 523 44 07 - www.lagloriademontera.com - 13h-16h, 20h30-23h45.* Élégant sans être guindé, ce restaurant au décor moderne s'organise autour de grandes baies vitrées donnant sur un patio verdoyant. On y sert une cuisine méditerranéenne teintée de fantaisie, à prix intéressant. Très recherché, il ne prend pas de réservation. Très agréable aussi pour dîner.

➔DÎNER

DE 15 À 30 €

23 **Casa Manolo** – E5 - *C/ Jovellanos, 7 - Sevilla - 91 521 45 16 - tlj sf dim. 8h30-23h30.* Face au théâtre de la Zarzuela, cette taverne du 19e s., tenue par la même famille depuis 1929, accueille une clientèle d'habitués qui viennent pour les savoureuses tapas maison, notamment les *croquetas*. Si vous souhaitez vous attabler, optez pour l'arrière-salle, plus tranquille mais un peu plus chère.

26 **La Finca de Susana** – E5 - *C/ Arlaban, 4 - Sevilla - 91 369 35 57 - www.lafinca-restaurant.com - 13h-15h45, 20h30-23h45 - menu du jour 10,35 €.*

Parquet en bois, plantes vertes et tables nappées de blanc composent un espace lumineux très agréable. Cuisine méditerranéenne créative et bon rapport qualité-prix.

PLUS DE 30 €

27 La Vaca Verónica – E6 - *C/ Moratín, 38 - Antón Martín - 91 429 78 27 - www.lavacaveronica.es - tlj sf dim. soir 13h-16h30, 20h30-0h30 - formule déj. 15 €, soir et w.-end menu 20 €*. Une salle aux murs jaune vif, une collection de tableaux modernes et un service convivial et efficace signent cette adresse très populaire. Points forts de la carte : les spaghettis aux *carabineros* (grosses crevettes), les poissons grillés (essayez les sardines ou la dorade au sel) et le choix de viandes. Formule du midi d'un bon rapport qualité-prix. Un peu bruyant.

28 Zerain – E6 - *C/ Quevedo, 3 - Antón Martín - 91 429 79 09 - www.restaurante-vasco-zerain-sidreria.es - tlj sf dim. soir 13h30-16h, 19h-0h - menu 23/68 €*. Installée dans un ancien entrepôt, cette cidrerie basque rassemble les convives dans un décor rustique, en grandes tablées réparties sur deux étages. Ne manquez pas la splendide côte de bœuf *(chuletón de buey)* et la savoureuse *tortilla* de morue. Un lieu agréablement festif mais bruyant.

Autour du paseo del Prado

➔DÉJEUNER

MOINS DE 15 €

29 La Platería – E6 - *C/ Moratín, 49 - Antón Martín - 91 429 17 22 - 7h30-0h.* Installé sur une agréable placette, ce bar-restaurant est une bonne option pour un déjeuner rapide. En terrasse au soleil ou dans la petite salle à manger vite remplie, on vous proposera une carte simple de tapas, de salades composées et de tartes salées.

DE 15 À 30 €

30 El Botánico – F6 - *C/ Ruiz de Alarcón, 27 - Atocha - 91 420 23 42 - www.restaurantebotanico.com - lun.-vend. 7h-0h, w.-end 9h-0h*. Une terrasse vraiment très agréable, face au jardin botanique. On peut se contenter de tapas. Si vous mangez à la carte, vous paierez plus cher (viandes et poissons).

Gran Vía - Malasaña - Chueca

➔DÉJEUNER

MOINS DE 15 €

1 Mercado de San Antón – E4 - *C/ Augusto Figueroa, 24 - Chueca - 91 330 07 30 - www.mercadosananton.com*. Au coeur du quartier de Chueca, ce marché très tendance se savoure au fil des comptoirs dédiés aux cuisines du monde. Agréable bar en terrasse au dernier étage.

39 Bocaito – E4 - *C/ Libertad, 6 - Chueca - 91 532 12 19 - www.bocaito.com - lun.-vend. 12h30-16h, 20h30-0h, sam. 20h30-0h - menu comptoir 14 €.*
Ce bar-restaurant est une institution du quartier de Chueca. Depuis 1966, il est reconnu pour les tapas, *tostas* et *raciones* que l'on savoure sur ses deux comptoirs. On peut aussi s'attabler dans l'une des quatre salles. Cuisine traditionnelle.

Terrasse à Madrid.

STAURANTE
PLAZA
PUERTA CERR

3 Gourmet Experience - Corte Inglés – **D4-5** - *Plaza de Callao, 2 - Callao - 913 789 000 - 10h-22h, j. fériés 11h-21h - fermé 1er et 6 janv., 1er Mai et 25 déc.* Vous recherchez un lieu moderne avec une magnifique terrasse sur Madrid et un grand choix de cuisines variées ? Vous le trouverez au 9e étage du Corte Inglés : plusieurs comptoirs offrent une cuisine espagnole (*pinchos* et *raciones* chez Imanol ou La Máquina, plats raffinés du réputé chef David Muñoz chez Street Xo, etc.), italienne, asiatique, mexicaine, pâtisseries et glaces…

PLUS DE 30 €

37 Casa Salvador – **E4** - *C/ Barbieri, 12 - Chueca - 91 521 45 24 - fermé dim. - menu du jour (tlj déj. et dîner) 22 €.* Une plongée dans la plus pure tradition espagnole pour cet établissement voué au culte de la corrida. Les murs sont envahis de tableaux et de photos de célèbres toreros, tandis que la table se cantonne dans les spécialités de la cuisine populaire, comme la queue de taureau, les beignets de morue ou les *chipirones* à l'encre.

→DÎNER

DE 15 À 30 €

38 Ojalá – **D4** - *C/ San Andrés, 1 - Tribunal - 91 523 27 47 - www.grupolamusa.com - lun.-merc. 9h-1h (jeu. 1h30, vend. 2h), sam. 11h-2h (dim. 1h).* Au cœur de Malasaña, le lieu dévoile une déco déjantée aux couleurs acidulées. Côté cuisine, la créativité est également au rendez-vous, mêlant les saveurs sucrées et salées, le traditionnel plat espagnol et l'international. Tapas, salades originales et plats à partager. Le soir, n'hésitez pas à descendre dans la salle au sol tapissé de sable et à l'éclairage tamisé. Une excellente option pour le petit-déjeuner et en journée, pour une pause chocolat chaud.

40 La Jauria – **E4** - *C/ de Colón, 10 - Tribunal - 91 130 48 36 - 8h-2h.* Ce bar à vins offre un cadre agréable pour déguster des tapas qui sortent de l'ordinaire (foie gras, champignons, croquettes de langoustines…). Le restaurant au bout du comptoir propose des plats élaborés qui s'apprécient avec une belle sélection de vins.

PLUS DE 30 €

41 El Pepinillo de Barquillo – **E4** - *C/ Barquillo, 42 - Chueca - 91 310 25 46 - tlj sf dim. 13h30-16h, 21h-1h.* Tout de carmin et de vert vêtu, le « Cornichon de Barquillo » marie humour et élégance. Il propose une cuisine méditerranéenne créative. Idéal pour un dîner en amoureux.

Autour de la gare d'Atocha

→DÎNER

PLUS DE 30 €

45 Samarkanda – **E-F7** - *Gare d'Atocha, terminal AVE (à côté du jardin tropical), glorieta Carlos V - Atocha - 91 530 97 46 - www.restaurantesamarkanda.com - 13h-0h.* C'est dans une ambiance Orient-Express que l'on déguste la cuisine raffinée de ce restaurant chic, niché au-dessus du jardin intérieur de la gare d'Atocha. La cuisine, élégante et originale, s'accompagne d'une belle carte des vins.

Lavapiés - El Rastro

→DÉJEUNER

MOINS DE 15 €

46 **Taberna de Antonio Sanchez** – D6 - *C/ Mesón de Paredes, 13 - Tirso de Molina - ✆ 91 539 78 26 - www.tabernaantoniosanchez.com - lun.-sam. 12h-16h, 20h-0h, dim. 12h-16h30 - fermé en août - menu du jour (déj.) 9,60 €.* L'une des plus anciennes tavernes de Madrid. Bois sombre patiné, têtes de taureau empaillées, couleurs rouge et or, pour un lieu chargé d'histoire, ouvert en 1830 et acheté en 1884 par le torero Antonio Sánchez. Dans les années 1920, les figures emblématiques du milieu taurin y croisaient les intellectuels. On y savoure les classiques madrilènes (morue, boudin, *tortilla*, *callos*, escargots…) et les *torrijas*, pain perdu que l'on déguste pour la Semaine sainte.

→DÎNER

DE 15 À 30 €

48 **Mano a Mano** – D6 - *C/ Lavapiés, 16 - ✆ 91 468 70 42 - tlj sf dim. soir et lun. 12h-17h, 20h-0h.* Une adresse que l'on se transmet de bouche à oreille pour son ambiance intime et conviviale, son service soigné et sa cuisine espagnole aux touches inventives, uniquement à base de produits frais. Le menu du midi (11 €) varie au gré des humeurs du chef, avec quelques constantes comme le copieux *arroz caldero,* riz mijoté au poisson et poivrons rouges séchés. Belle carte des vins espagnols. Réservation conseillée le soir en fin de semaine.

Salamanca - Castellana

→DÉJEUNER

MOINS DE 15 €

51 **José Luis** – F2 - *C/ Serrano, 89 - ✆ 91 563 09 58 - www.joseluis.es.* Bien pratique après la visite du musée Galdiano, cette enseigne réputée propose tous les classiques espagnols, à commencer par une délicieuse *tortilla* et de savoureux *pinchos*. Deux longues salles, souvent prises d'assaut. Quelques tables sur le trottoir aux beaux jours.

DE 15 À 30 €

52 **Restaurante Cinco Jotas** – F4 - *Callejón de Puigcerdá (angle de la C/ Jorge Juan) - ✆ 91 575 41 25 - www.restaurantescincojotas.com - copieux menu du jour à 16 €.* Une valeur sûre pour découvrir les subtilités de la savoureuse charcuterie espagnole, du *jamón* au *chorizo* en passant par la *morcilla* (boudin), le *lomo* (épaule)… Fabriquant elle-même ses produits, cette chaîne spécialiste du *cerdo iberico* (porc ibérique) propose un choix de grande qualité. Cadre chaleureux.

→DÎNER

PLUS DE 30 €

53 **Ramsés** – F4 - *Pl. de la Independencia, 4 - ✆ 91435 16 66 - www.ramseslife.com - fermé sam. midi, dim. et lun. soir - Petit Ramsés et terrasse env. 40 €, Bistro Ramsés env. 55/60 €.* Établissement branché pur design décoré par Philippe Stark, le lieu est composé de plusieurs espaces : un restaurant gastronomique (Bistro Ramsés) au premier étage, une cuisine plus informelle à La Terrasse et au Petit Ramsés, et un bar à champagne.

Argüelles - Moncloa - Casa de Campo

→DÉJEUNER

DE 15 À 30 €

56 **Bar Morales, el Atómico** – C2 - *C/ Meléndez Valdés, 58 - Argüelles ou Moncloa - 91 543 67 00 - tlj sf dim. soir et lun. 10h-16h, 19h-23h30.* La *cervecería* espagnole (brasserie) typique, carrelée de bleu, jonchée de serviettes froissées ! Le soir, on s'y bouscule pour la copieuse *ensaladilla rusa*, les fritures de poisson, et les *callos a la madrileña*.

→DÎNER

DE 15 À 30 €

57 **El Tendido 1** – C2 - *C/ Andrés Mellado, 20 - Argüelles - 91 544 88 88 - www.eltendido.com - tlj sf mar. 9h-0h.* Pour les aficionados de tauromachie, cette élégante taverne réunit une clientèle de quartier dans une ambiance conviviale. Entre les photos des toreros, une grande ardoise propose tous les classiques madrilènes, champignons grillés, queue de taureau, boudin…

Prendre un verre

Dans la vieille ville

CHOCOLATERIE

Chocolatería San Ginés – D5 - *Pasadizo de San Ginés 5 - Sol ou Ópera - 91 365 65 46 - ouverte tte la nuit.* Une institution madrilène que cette chocolaterie au comptoir carrelé à l'ancienne : on y prépare le plus riche et le plus onctueux des chocolats chauds, dans lequel il convient de tremper de délicieux *churros* ou des *porras* (plus grosses). Un bonheur quand il fait froid ou pour réchauffer les petites heures de la nuit…

Autour de la plaza Santa Ana

CAFÉS

La Suiza – E5 - *Plaza Santa Ana 2 - Sevilla, Sol ou Antón Martín - 91 522 26 44 - 7h-1h.* Parfait pour un petit-déjeuner au soleil en terrasse. En hiver, on craque pour l'onctueux chocolat chaud.

Café del Circulo de Bellas Artes – E5 - *C/ Marqués de Casa Riera 2 - Banco de España ou Sevilla - 91 360 54 00 - www.circulobellasartes.com - lun.-jeu. 9h-1h (vend.-sam. 3h, dim. 0h) - menu déj. 13 € (16 € en terrasse), le soir 19,50 € (22,50 € en terrasse). Droit d'entrée 1 €.* Dans un décor moderniste annonçant l'Art déco, ce magnifique café orné de verrières et d'élégantes colonnades attire une clientèle jeune et intellectuelle. Un cadre propice aux conversations. Terrasse.

Autour du paseo del Prado

Kiosques du parque del Retiro – F-G5-6. S'il fait beau ou chaud, misez sur une pause au calme, dans l'un des nombreux kiosques ombragés du parc.

Gran Vía - Malasaña - Chueca

CAFÉS

Café del Jardín – E3 - *Musée du Romantisme, C/ San Mateo 13 - Tribunal - 91 448 10 45 - museoromanticismo.mcu.es - entrée libre - mai-oct. : mar.-sam. 9h30-20h30 (nov.-avr. 18h30), dim. et j. fériés 10h-15h.* Le café du musée du Romantisme constitue une halte agréable dans le quartier. Caché, il offre un havre de paix avec son jardin ombragé et sa coquette salle. Café, thé, tartes maison et petite restauration.

Diurno – E4 - *C/ San Marcos 37 - 91 522 00 09 - www.diurno.com - tlj 10h-2h - brunch w.-end et j. fériés jusqu'à 14h (15 €).* Derrière de grandes baies vitrées, ce café et vidéoclub séduit une clientèle branchée et cosmopolite. On y grignote notamment snacks ou tartes maison.

Café Ruiz – D3 - *C/ Ruiz 11 - Bilbao - 91 446 12 32 - lun.-jeu. 15h30-2h (2h30 vend.), sam. 11h-2h30 (0h dim.).* Banquettes en velours, bois sombre et tables de bistrot, dans ce café à l'ambiance coloniale. Épais chocolat, bon choix de thés, de vins et de cocktails.

Café Comercial – D3 - *Glorieta de Bilbao 7 - Bilbao - 91 521 56 55 - 8h-1h.* L'un de ces cafés madrilènes historiques, fondé en 1887, dont la porte à tambour a vu passer nombre d'écrivains, d'artistes et de politiciens. Idéal pour trouver l'inspiration en savourant le *chocolate con churros*.

Lavapiés - El Rastro

CAFÉS

Gau&Café – D7 - *Edificio Escuelas Pías, C/ Tribulete 14, 4e - Lavapiés - 91 528 25 94 - www.gaucafe.com - tlj sf dim. et j. fériés 11h-0h (sam. 13h30-0h).* Perché sur le toit de la bibliothèque de l'UNED. La montée vaut le coup, pour apprécier la réhabilitation de ce collège du 18e s. Terrasse agréable, grand choix de thés et petite restauration. Expositions.

Casa de Granada – D6 - *C/ Doctor Cortezo 17 - Tirso de Molina - 91 420 08 25.* Au dernier étage d'un vieil immeuble, cette terrasse surplombe la plaza Tirso de Molina. Idéal pour un verre au soleil avec vue sur les toits.

Salamanca - Castellana

CAFÉ / RESTAURANT

Gran Café Gijón – E4 - *Paseo de Recoletos 21 - Colón ou Banco de España - 91 521 54 25 - www.cafegijon.com.* Une institution madrilène, autrefois fréquentée par les écrivains et les artistes. Aujourd'hui, la table y est chère (plus de 30 €), mais, dès les beaux jours, sa terrasse sur le paseo de los Recoletos est un endroit chic et agréable où savourer son café-crème.

Argüelles - Moncloa - Casa de Campo

Les terrasses qui bordent le **paseo del Pintor Rosales** (Argüelles) s'étirent face au parque del Oeste et attirent toute l'année les Madrilènes. Agréable l'apr.-midi pour un verre au soleil. Quelques terrasses également au bord du **lac de la Casa de Campo** (Lago).

Sortir

Sorties culturelles (concerts, théâtre, opéra) ou détente (hammam, football) ? Vous aurez le choix, mais Madrid est surtout célèbre pour sa *marcha* (fête, « bringue »). Difficile de prétendre connaître la capitale espagnole, sans avoir goûté au moins une fois à son effervescence nocturne, partie intégrante de la vie sociale des Madrilènes.

Billetterie – Vous pouvez acheter vos billets sur place, sur Internet ou par téléphone (depuis l'Espagne uniquement) : *www.entradas.com* - ✆ *90 248 84 88* (spectacles) ; ✆ *90 222 16 22* (cinémas) et *www.ticketmaster.es* - ✆ *90 215 00 25. www.telentrada.com* - ✆ *90 210 12 12.* Plusieurs théâtres accordent des tarifs réduits le mercredi.

Théâtre – Madrid compte env. 50 salles de théâtres. Parmi les plus connues, citons celles de l'historique **Teatro Español, Teatro María Guerrero**, du **Centro Cultural de la Villa**, du **Teatro de la Abadía**, du **Teatro Fernando de Rojas**.

Le quartier de **Lavapiés** concentre les plus dynamiques scènes du off.

Les grandes comédies musicales et les pièces de boulevard se jouent sur **Gran Vía**.

Flamenco – Le meilleur moyen d'écouter et de voir du flamenco est de se rendre dans un *tablao*. Bien que très touristiques, beaucoup produisent des spectacles de qualité. Ils proposent en général une formule dîner-spectacle ou entrée simple avec une consommation (30-40 €). Parmi les *tablaos* les plus réputés, citons : la **Casa Patas** qui allie spectacles et mets de qualité *(C/ Cañizares 10 - Ⓜ Antón Martín ou Tirso de Molina - ✆ 91 369 04 96 - www.casapatas.com)* ; l'historique **Corral de la Morería** *(C/ Morería 17 - Ⓜ La Latina - ✆ 91 365 84 46 - www.corraldelamoreria.com)* ; **Las Carboneras** aux shows bien rôdés *(C/ del Conde de Miranda 1 - Ⓜ Sol ou Ópera - ✆ 91 542 86 77 - www.tablaolascarboneras.com)* ; le **Café de Chinitas** planté dans un somptueux décor de palais *(C/ Torija 7 - Ⓜ Santo Domingo - ✆ 91 559 51 35 - www.chinitas.com)* et les plus récents **Las Tablas** *(Plaza de España 9 - Ⓜ Plaza de España - ✆ 91 542 05 20 - www.lastablasmadrid.com)* et **Cardamomo** *(C/ Echegaray, 15 - Ⓜ Sol - ✆ 91 805 10 38 - cardamomo.es).*

Voir aussi dans les bars de nuit : **Candela** et **Patas Chic** (Lavapiés - El Rastro).

Dans la vieille ville

BARS DE NUIT / DISCOTHÈQUES

El Viajero – **D6** - *Plaza de la Cebada 11 - Ⓜ La Latina - ✆ 91 366 90 64 - www.elviajeromadrid.com - tlj sf lun. 12h30 (11h30 sam.-dim.)-2h (2h30 sam., 0h dim.).* Restaurant au rdc, ambiance *lounge* au 1er, c'est surtout pour sa terrasse sur le toit dominant que l'on aime cet endroit. Une adresse de La Latina très courue, dont le succès a malheureusement entamé l'affabilité du service et le rapport qualité-prix.

Joy Madrid - Teatro Eslava – **D5** - *C/ del Arenal 11 - Sol ou Ópera - 91 366 37 33 - www.joy-eslava.com - à partir de 23h30 - différentes activités*. Jeunes de bonne famille, hommes d'affaires et femmes mûres décomplexées : les files d'attente sont longues devant ce superbe théâtre de 1872, converti en discothèque où résonnent pop espagnole et tubes commerciaux.

El Contraclub – **C6** - *C/ Bailén 16 - La Latina ou Ópera - 91 365 55 45 - www.contraclub.es - merc.-jeu. 23h-5h30 (vend.-sam. 6h)*. Ce club underground de la capitale propose une programmation éclectique de concerts suivis de sessions DJ.

Marula Café – **C6** - *C/ de Caños Viejos 3 - 91 366 15 96 - www.marulacafe.com - - 23h-6h*. Un classique des nuits madrilènes à ne pas manquer, surtout en été quand se déploie la superbe terrasse au pied du viaduc. Soul, funk, hip-hop et ambiance festive.

Autour du palais royal

OPÉRA

Teatro Real – **CD5** - *Plaza de Oriente - Opera - 91 516 06 60 - www.teatro-real.com*. Avec une acoustique exceptionnelle, ce théâtre accueille opéras et concerts de musique classique mais aussi de jazz et flamenco.

Autour de la plaza Santa Ana

MUSIQUE CLASSIQUE ET OPÉRA

Teatro de la Zarzuela – **D5** - *C/ Jovellanos 4 - Sevilla ou Banco de España - 91 524 54 00 - http://teatrodelazarzuela.mcu.es*. Pour découvrir la populaire opérette madrilène.

HAMMAM

Hammam Al Ándalus – **D6** - *C/ Atocha 14 - Sol - réservation : 90 233 33 34 / 91 429 90 20 - madrid.hammamalandalus.com*. Clin d'œil aux raffinements passés du royaume d'*Al-Andalus*, ces bains arabes constituent l'endroit rêvé pour une pause à l'écart du tumulte de la ville. Bains de vapeur, piscines d'eau chaude et soins variés. À partir de 30 € l'accès aux bains.

BARS DE NUIT / DISCOTHÈQUES

Café Central – **D6** - *Plaza del Ángel 10 - Sol ou Antón Martín - 91 369 41 43 - www.cafecentralmadrid.com - 12h30-2h30 (3h30 vend.-sam.) - entrée sans consommation*. La référence du jazz madrilène depuis plus de trente ans. Fréquenté par une clientèle un peu intello et férue de jazz, cet élégant café propose chaque soir un concert de qualité.

Sala El Sol – **D5** - *C/ Jardines 3 - Gran Vía - 91 532 64 90 - www.elsolmad.com - mar.-sam. 0h-5h30 - concerts à 22h (tarif variable) - entrée club 10 €*. À la fois salle de concerts et club, ce haut lieu de la *movida* est ouvert depuis 1979. Une valeur sûre pour ceux qui dansent jusqu'au petit matin.

Gran Vía - Malasaña - Chueca

BARS DE NUIT / DISCOTHÈQUES

Del Diego – **E5** - *C/ de la Reina 12 - Gran Vía - 91 523 31 06 - deldiego.*

com - tlj sf dim. 19h-3h (vend.-sam. 3h30) - fermé en août. Probablement les meilleurs cocktails de la capitale, que l'on sirote dans un décor de verre très design. Large éventail de combinaisons inventives servies avec style.

Museo Chicote – **E5** - *Gran Vía 12 - Gran Vía - 91 532 67 37 - www.museo-chicote.com - tlj sf dim. 20h-3h.* Lieu historique du Madrid noctambule, qui a vu passer bien du beau monde d'Ava Gardner à Grace Kelly et de Frank Sinatra à Ernest Hemingway. Cet établissement, ouvert en 1932, fut le premier bar à cocktails de la capitale, l'un des rares qui ne ferma pas ses portes lors de la guerre civile. Une collection de près de 10 000 bouteilles de liqueurs (aujourd'hui toutes vendues) lui valut son appellation de musée.

La Vía Láctea – **D3** - *C/ Velarde 18 - Tribunal - 91 446 75 81 - 20h-3h (vend.-sam. 3h30).* Née en 1978, cette mythique « voie lactée » était l'un des hauts lieux de la *movida*. Elle continue à faire danser les foules sur des rythmes variant au gré des DJ (pop-rock, hip-hop, électro…).

Autour de la gare d'Atocha

DISCOTHÈQUE

Kapital – **E6** - *C/ de Atocha 125 - Atocha - 91 420 29 06 - www.grupo-kapital.com - jeu.-dim. 0h-6h.* Une véritable machine à danser, répartie sur plusieurs étages vibrant au son de la musique dance et techno-house.

Lavapiés - El Rastro

BARS DE NUIT / DISCOTHÈQUES

Candela – **D6** - *C/ Olmo 2 - Antón Martín ou Tirso de Molina - 91 467 33 82 - www.candelaflamenco.com - de 22h à l'aube.* Lieu mythique pour les aficionados de flamenco, ce bar fut le premier du genre à Madrid. Noctambules en tout genre y côtoient des gitans au regard de braise, sous l'œil des portraits de *flamencas* célèbres. Spectacles *(voir programme sur Internet).*

Patas Chico – **D6** - *C/ Cañizares 10 - Antón Martín - 91 429 64 71 - www.casapatas.com - lun.-sam. de 17h à l'aube - fermé dim.* Petit frère de la célèbre Casa Patas, ce bar tranquille à l'heure de l'apéritif, s'anime sur des rythmes flamencos, surtout en fin de semaine à partir de 22h.

Salamanca - Castellana

MUSIQUE CLASSIQUE ET OPÉRA

Auditorio Nacional de Música – *C/ del Príncipe de Vergara 146 - Cruz del Rayo - 91 337 01 40 - www.auditorionacional.mcu.es.* Siège de l'Orchestre et du chœur national d'Espagne (OCNE), il abrite deux salles de concerts pour musique de chambre et symphonies.

Un des hauts lieux de la movida : la Via Lactea.

CORAZON CANSADO
¡RECUERDA! ABAJO SIN TABACO
AMEN

Shopping

Les environs de la **Plaza Mayor** regorgent de boutiques de souvenirs en tout genre, du classique tee-shirt à la poupée costumée, en passant par l'écharpe du Real Madrid ou les statuettes à l'effigie des *Ménines*.
En ce qui concerne la mode, du jeune créateur branché au styliste de luxe en passant par les grandes enseignes, les *fashionistas* trouveront leur bonheur à tous les prix. Les grands magasins **El Corte Inglés** rassemblent toutes les grandes marques. Les chaînes espagnoles (Zara, Camper, Mango…) se situent sur **Gran Vía**, dans les rues autour de la **Puerta del Sol** et dans le quartier de **Salamanca**. Pour les boutiques et les créateurs originaux, flânez du côté de **Chueca**, le long de la **Calle Fuencarral** et au **mercado de Fuencarral**. Les boutiques chics et les stylistes de renom se concentrent dans le quartier huppé de **Salamanca**. Vous pourrez également vous intéresser au **cuir**, de bonne qualité et relativement bon marché. Pour les **chaussures**, rendez-vous calle Augusto Figueroa. Faites également provision d'**espadrilles** de toutes les couleurs et d'**éventails** dans la zone entre la Puerta del Sol et Gran Vía ou au Rastro. Les amateurs de brocante chineront aux puces du **Rastro** ou du côté des antiquaires du quartier **Santa Ana**. Enfin, les gourmands pourront se délecter et ramener des *turrones*, de l'huile d'olive, de la charcuterie et des vins de qualité.

Dans la vieille ville

Les principales boutiques de souvenirs se concentrent sur la **Plaza Mayor** et dans ses abords immédiats. Vers le sud, la **calle de Toledo** est réservée aux commerces très populaires.
Pour la mode, les bijoux et les principales enseignes espagnoles, préférez les **calles Mayor**, **del Arenal**, **de Carretas** et **de Preciados**.

BOUTIQUES DE MODE

Custo – D5 - *C/ Mayor 37 - Sol - 91 354 00 99 - www.custo-barcelona.com*. L'une des boutiques du célèbre créateur barcelonais, dont les tee-shirts, bien que très chers, sont l'un des symboles de la mode espagnole. Ravira surtout les adeptes de mangas.

ARTISANAT

Casa Hernanz – D6 - *C/ Toledo 18 - Tirso de Molina ou Sol - 91 366 54 50 - www.alpargateria-casahernanz.com*. Spécialiste de l'espadrille, plate ou compensée, ouverte ou fermée, en coton, en soie ou en dentelle. La palette de tons est si large que les adeptes des harmonies en feront leur bonheur.
Dans la même rue, une autre adresse du même genre :
Calzados Lobo – D6 - *C/ Toledo 30 - Tirso de Molina - 91 366 40 17 - calzadoslobo.com*.
Casa de Diego – D5 - *Puerta del Sol 12 - Sol - 91 522 66 43* et *C/ Mesoneros Romanos 4 - 91 531 02 23 - www.casadediego.com*. Vénérable maison madrilène qui fabrique des éventails

depuis 1858, peints de couleurs pastel, ornés de scènes baroques ou exécutés en dentelles délicates; chère mais réputée. On y trouve aussi des cannes, châles brodés, *peinetas*, *castañuelas*... de qualité.

DÉCORATION

Borca – D5 - *C/ Marques Viudo de Pontejos 2* - *Sol* - *91 532 61 53* - *www.borca.es*. Belle collection de linge de maison en coton ou lin, brodé ou ajouré. Grand choix de petits sacs brodés pour ranger chaussures, linge, papier toilette ou parfumer les armoires. Ne pas manquer le rayon des châles brodés et des mantilles qui recèle de pures merveilles.

LOISIRS CRÉATIFS

Les **merceries** sont principalement rassemblées autour de la plaza de Pontejos. Essayez par exemple la maison **Cobián** D5 - *Plaza de Pontejos 2* - *Sol* - *91 522 25 25* - *www.almacenescobian.es*. Vous prendrez soin de retirer un ticket avant de faire la queue, car il y a toujours foule.

El Gato Negro – D5 - *Plaza Mayor 30* - *Sol* - *91 366 58 00* - *www.lanasgatonegro.com*. Un vrai marchand de laine à l'ancienne. Les fils de coton, laine, soie ou mélanges synthétiques sont vendus au poids, dans une gamme de couleurs étonnamment étendue et à prix intéressants.

ENFANTS

Así – D5 - *C/ del Arenal 20* - *Ópera ou Sol* - *91 521 97 55* - *www.tiendas-asi.com*. Propose une gamme de poupées, pour jouer ou pour les collectionneuses, et tous les accessoires et vêtements assortis.

SOUVENIRS

El Arco – D5 - *Plaza Mayor 9* - *Sol* - *91 365 26 80*. À la différence d'autres bazars à souvenirs, cette boutique propose une sélection colorée et pleine d'humour, revisitant de grands thèmes, comme les *Ménines* de Diego Vélasquez, les toreros ou les *flamencas*.

Boutique officiel du Real Madrid – D5 - *C/ Carmen, 3* - *Sol* - *91 521 79 50*. Il est situé au cœur du quartier commercial. Les fans de foot, et surtout du Real Madrid, y trouveront tous les produits officiels de ce club mythique. Autre boutique sur Gran Vía, 31.

Autour du palais royal

DISQUES

El Flamenco Vive – D5 - *Conde de Lemos 7* - *Ópera* - *91 547 39 17* - *www.elflamencovive.es*. Superbe collection de CD et DVD de flamenco, mais aussi des partitions, des méthodes d'apprentissage et des accessoires (robes, chaussures, châles, boucles d'oreilles).

Autour de la plaza Santa Ana

ARTISANAT

Casa Seseña – D5 - *C/ de la Cruz 23* - *Sol* - *91 531 68 40* - *www.sesena.com*. Picasso, Hemingway ou Bruce Springsteen s'y firent confectionner les célèbres **capes espagnoles** dans lesquelles on se drape. Modèles traditionnels et versions plus modernes (pour femmes également).

...ES

...-World – E6 - *C/ de las Huertas 62 - Antón Martín - 91 360 08 65 - www.flamenco-world.com.* L'une des meilleures boutiques pour le flamenco. Superbe sélection de CD, beaux livres, photos, jupes, robes et chaussures de danse.

SPÉCIALITÉS CULINAIRES

La Violeta – E5 - *Plaza de Canalejas 6 - Sevilla ou Sol - 91 522 55 22 - www.lavioletaonline.es.* L'une des confiseries les plus renommées de la capitale, fréquentée par toute la bonne société madrilène. Sa spécialité, les douceurs à la violette.

Casa Mira – E5 - *C/ San Jerónimo 30 - Sevilla - 91 429 67 96 - casamira.es.* Les *turrones* les plus réputés de la ville, préparés de façon artisanale, sans aucun additif.

Gran Vía - Malasaña - Chueca

Le quartier gay de Chueca est celui des boutiques branchées, des **créateurs** qui montent, du *streetwear* jeune et de la mode décalée. C'est là aussi que l'on peut acheter des **chaussures** de qualité à bon prix (le long de la calle Augusto Figueroa).

BOUTIQUES DE MODE

Mercado de Fuencarral – E4 - *C/ Fuencarral 45 - www.mdf.es - Tribunal ou Chueca - 91 521 41 52 - tlj sf dim. 11h-20h.* Difficile d'échapper à ce marché couvert sur trois niveaux qui regroupe un ensemble de petites boutiques variées. Du disquaire aux magasins de vêtements et accessoires tendance, au salon de coiffure et boutiques de déstockage.

Hoss – D-E4- *C/ Fuencarral, 16 - Gran Vía - 91 524 17 28 - www.hossintropia.com.* Chic et urbain, l'une des adresses de la maison de mode madrilène. Des vêtements raffinés et des textures luxueuses, à prix « relativement » abordables. *Voir aussi « Salamanca ».*

Desigual – D-E4 - *C/ Fuencarral 36-38 - Chueca - 91 531 67 86 - www.desigual.com.* L'une des boutiques de la marque espagnole en vogue, proposant un *streetwear* jeune et mode, à bon prix.

Loewe – E5 - *Gran Vía 8 - Gran Vía ou Banco de España - 91 522 68 15 - www.loewe.com.* L'une des boutiques de luxe du plus célèbre maroquinier espagnol. Outre les sacs, on y trouve du prêt-à-porter haut de gamme.

Dayaday – E4 - *C/ Almirante 4 - Chueca - 91 522 34 59 - www.dayaday.es.* Les amatrices d'accessoires de mode y trouveront à tout petits prix de quoi assortir bijoux fantaisie, écharpes et sacs à chacune de leurs tenues.

Salvador Bachiller – D4 - *Gran Vía 65 - Plaza de España ou Santo Domingo - 91 559 83 21 - www.salvadorbachiller.com.* Sacs très mode, chaussures et accessoires abordables, déclinés dans toutes sortes de couleurs. On y trouve aussi bien des minitrousses à maquillage que d'astucieux porte-monnaie ou des équipements de voyage.

DISCOUNT

Salvador Bachiller Outlet – E4 - *C/ de Gravina 11, face à la plaza de Chueca -*

Les étals colorés du marché du Rastro.

Chueca. Ce magasin vend à prix cassés des modèles de la saison passée.

Farrutx Outlet – E4 - *C/ Augusto Figueroa 18 - Chueca - 91 532 02 40*. Modèles de chaussures et sacs de la grande marque espagnole, à prix réduits.

LIVRES

La Central – D5 - *C/ Postigo de San Martín, 8 - Callao - 917 909 930 - www.lacentral.com - dim.-mar. et j. fériés 10h-21h30, merc.-sam. 10-22h*. Un hôtel particulier, joliment réaménagé, abrite cette magnifique librairie, pleine de charme, qui s'organise autour d'un patio couvert. Littérature en français et section enfants au 1er étage (remarquez les plafonds, boiseries, fresques). Vous pouvez aussi en profiter pour faire une pause dans son agréable café, Le bistró.

Panta Rhei – E4 - *C/ Hernán Cortés 7 - Chueca - 91 319 89 02 - www.panta-rhei.es*. Librairie spécialisée dans les livres d'art, de photographie et de graphisme. Nombreux titres en français ou en anglais et des ouvrages pour découvrir l'art contemporain espagnol.

SPÉCIALITÉS CULINAIRES

Fundación Patrimonio Comunal Olivarero – E3 - *C/ Mejía Lequerica 1 - Alonso Martínez - 91 308 05 05 - www.pco.es*. La boutique d'une fondation entièrement consacrée à la promotion de l'huile d'olive vierge. Vous trouverez des huiles en provenance de toutes les régions productrices d'Espagne, accompagnées des explications détaillées sur leur fabrication et leurs caractéristiques.

Tahona San Onofre – E4 - *C/ Hortaleza 9 - 91 531 83 76 - tlj 8h-21h30*. Une boulangerie-pâtisserie de qualité, où l'on achète aussi bien des parts de quiches que des biscuits traditionnels et de délicieux petits-fours.

Lavapiés - El Rastro

La **calle Ribera de Curtidores**, qui est l'axe principal du marché du Rastro, compte nombre de boutiques d'**équitation** et de **sports de plein air** (ski, randonnée). Les prix y sont inférieurs à ceux du centre-ville et on y trouve les articles de sellerie traditionnelle andalouse (sacs superbes, bottes et bottines d'équitation). Vous verrez aussi des magasins de petits meubles et objets décoratifs. Pour ces achats, venez en semaine, pour éviter la cohue du marché aux puces.

SPÉCIALITÉS CULINAIRES

Caramelos Paco – D6 - *C/ Toledo 53-55 - La Latina - 91 365 42 58 - www.caramelospaco.com*. Ce magasin de bonbons et de douceurs est tout ce qu'il y a de plus diététiquement incorrect. Outre les traditionnels *turrones*, on s'y régale de sucreries à tous les parfums, de sucettes géantes et même de gâteaux d'anniversaire, entièrement décorés de bonbons en guimauve.

Aceitunas Jiménez – D6 - *Plaza del General Vara del Rey 14 - La Latina - 91 365 46 23 - tlj sf sam. apr.-midi*. Au cœur du Rastro, cette affaire familiale vend depuis près de soixante-dix ans des olives andalouses et une huile d'olive de qualité.

DÉCORATION

L.A. Studio – D7 - *C/ Arganzuela 18 - Puerta de Toledo - 91 365 98 33 - www.lastudio.es*. Parmi les nombreux brocanteurs et marchands de meubles du quartier, celui-ci se spécialise dans le design des années 1960-1970.

Salamanca - Castellana

Salamanca est le quartier des créateurs de mode établis et des boutiques chic. Commencez le long de la **C/ Serrano** (depuis la Puerta de Alcalá), où se concentrent les grandes marques internationales (Tommy Hilfiger, Yves Saint-Laurent, Carolina Herrera, Salvatore Ferragamo, Emporio Armani, Agatha Ruiz de la Prada…), mais aussi les franchises espagnoles, comme Zara, Cortefiel (prêt-à-porter classique de qualité), les chaussures Camper… Flânez aussi dans les rues perpendiculaires (**C/ Hermosilla** ou **Jorge Juan**). Au n° 12 de la C/ Jorge Juan, un charmant passage a été converti en galerie commerciale à ciel ouvert, rassemblant quelques marques prestigieuses de la mode espagnole.

La **C/ Goya** est moins élitiste.

Près de l'ambassade des États-Unis, la galerie commerciale **ABC Serrano**, *(C/ Serrano 61)*, rassemble une belle variété de boutiques chic, principalement dans la mode féminine et enfantine.

BOUTIQUES DE MODE

Loewe – F4 - *C/ Serrano 26 - Serrano - 91 577 60 56 - www.loewe.com*. L'une des boutiques du maroquinier espagnol, dont les vêtements sont également devenus un must pour les élégantes citadines. Boutique pour homme au n° 34.

Adolfo Domínguez – F4 - *C/ Serrano 5 - Retiro - 91 577 47 44 - www.adolfodominguez.com*. Ne manquez pas l'impressionnante et belle boutique de ce créateur espagnol au style épuré plutôt classique et aux vêtements de qualité. À voir aussi pour les accessoires. Agréable café au dernier étage.

Purificación García – F4 - *C/ Serrano 28 - Serrano - 91 435 80 13 - ww.purificaciongarcia.com*. Autre styliste espagnole, proposant une mode féminine et raffinée et de jolis accessoires.

Hoss – F4 - *C/ Serrano 18 - Retiro ou Serrano - 91 781 06 12 - www.hossintropia.com*. Prêt-à-porter espagnol haut de gamme, pour une silhouette urbaine chic.

Trucco – F4 - *C/ Serrano 20 - Retiro ou Serrano - 91 435 07 77 - www.truccoshop.com*. Des vêtements hyper féminins, raffinés et bien dans la mode, mais à des prix très abordables.

DÉCORATION

Zara Home – F3 - *C/ Serrano 88 - Rubén Dario - 91 781 78 97 et Hermosilla, 18 - Serrano - 91 577 64 45 - www.zarahome.com*. La célèbre franchise de mode multiplie ses boutiques consacrées à la maison. On y trouve notamment du linge raffiné et abordable pour le bain, le lit ou la table. Jolie collection de plaids, de vêtements et mules de maison.

Plan de ville

Musée du Prado, le cloître.

H. Hughes /

Visiter Madrid

Madrid aujourd'hui

Quelques gratte-ciel incongrus, qui se dressent au pli du plateau castillan, et de larges avenues où se rue le flot des voitures, Madrid ne se dévoile pas d'emblée au nouveau venu.

Derrière sa culture et son histoire, ses traditions et son hispanité affichée, la capitale de l'Espagne est une **ville jeune et trépidante**. Aux heures chaudes de la journée, il faut paresser aux terrasses des cafés, chercher l'ombre tiède au pied des façades colorées, regarder le va-et-vient bavard des vieilles Madrilènes… Et surtout, il faut attendre la nuit tombée, quand la foule semble surgir des porches, des boutiques et des bouches de métro, quand la clientèle des bars à tapas déborde sur les trottoirs et que les restaurants lèvent enfin leur paresseux rideau de fer.

La bière et le vin se disputent avec les mojitos et les margaritas, le chorizo et les *bocadillos* envahissent le marbre des comptoirs, le verbe se fait plus haut, la musique monte, la rue s'anime enfin, pour ne plus se taire qu'aux petites heures du matin. Cette ville-là est celle du bruit et de la couleur. Ici, les filles osent une garde-robe multicolore, gaie et discordante, les vitrines mélangent châles richement brodés ou mode de la rue en vibrantes palettes, même les maisons se parent de jaune, de rouge ou de bleu. Rien à voir avec les capitales sages qui n'alignent que la pierre ou la brique. Les fenêtres de Madrid se cachent derrière les jalousies vertes, leur crépi rappelle le soleil, jusqu'aux graffitis envahissants qui jettent sur le moindre mur leurs taches discordantes.

Madrid est presque située – et ce n'est pas un hasard – au cœur de l'Espagne. À 646 m d'altitude, la capitale la plus haute d'Europe est soumise à la rigueur d'un **climat continental**, froid en hiver, sec et très chaud l'été. Elle occupe un large plateau. Au nord, la sierra toute proche culmine à 2 430 m d'altitude. Ses versants plantés de pins et de chênes offrent à la capitale une échappée verte et fraîche lorsque la chaleur est oppressante, et la possibilité de faire du ski en hiver. Pourtant, malgré ces atouts géographiques incontestables, le site ne semblait guère se prêter à l'implantation d'une capitale. Pas de fleuve majeur à proximité – voie de communication dans les temps reculés – et les rives peuplées de la Méditerranée restent bien éloignées. D'ailleurs, le développement de la ville fut très tardif. Il fallut la volonté des rois pour imposer Madrid devant des rivales bien plus prestigieuses. De ce patronage royal, doublé de l'omniprésence des congrégations religieuses que favorisaient les monarques, elle a gardé une certaine raideur, une grandeur austère et digne.

Bien que peuplée de plus de 3 millions d'habitants, Madrid possède un centre historique étonnamment compact, facile à parcourir à pied. C'est d'ailleurs l'un de ses charmes majeurs. On y passe à loisir d'un quartier à l'autre, parcourant sans y penser le kaléidoscope qu'offrent les riches peintures du Prado et le joyeux fouillis du marché du Rastro, les cloîtres sombres des monastères, les parasols de la Plaza Mayor…

Madrid conserve très peu de traces de la présence arabe ou du Moyen Âge. Les différents quartiers de la **vieille ville** portent souvent l'appellation *Los Austrias*, en référence à la période où la dynastie autrichienne des Habsbourg régnait sur l'Espagne. C'est effectivement là que l'on trouve les plus anciens monuments de la ville, des 16e et 17e s. Mais cette appellation est trompeuse, car la vieille ville est tout aussi riche en sites aménagés sous le règne des Bourbons, à partir du 18e s. On y trouve aussi la plus importante concentration de touristes, qui se pressent aux terrasses des cafés de la Plaza Mayor, apprécient les ruelles photogéniques ou flânent devant les boutiques de souvenirs des rues commerçantes. Vers l'ouest s'étend le quartier du **palais royal**, entouré par les nombreux couvents patronnés par les souverains au fil des siècles et ponctué d'églises et de placettes.

Bien que développé à peu près à la même époque, le quartier qui entoure la plaza Santa Ana, aussi surnommé le **quartier des Lettres**, affiche une vocation plus intellectuelle. Théâtres, librairies et institutions culturelles y sont plus concentrés qu'ailleurs, mais depuis de nombreuses années déjà, ce sont surtout ses bars et ses restaurants qui en font un endroit très recherché par les Madrilènes.

Traversant la ville du nord au sud, l'axe des *paseos* (promenades) rassemble les plus **grands musées**, le Prado et ses célèbres peintures espagnoles, le musée Thyssen-Bornemisza et son étourdissante collection de tableaux, le musée Reina Sofia et son *Guernica*. Un peu plus loin, dans le **quartier de Salamanca**, le merveilleux Musée archéologique met le visiteur sur la trace de l'art espagnol au fil de l'histoire, tandis que les musées Lázaro Galdiano ou Sorolla, plus confidentiels, ravissent tout autant les amateurs de beauté. Les *paseos* sont aussi l'occasion de se livrer à la flânerie que l'on peut poursuivre au grand salon à ciel ouvert qu'est le **parc du Retiro**.

Sur les rives du Manzanares, Madrid Rio se veut Madrid nature avec une belle coulée verte au bord de l'eau.

Gitane autour du marché du Rastro ou dans les *tablaos* (bars de flamenco), latino, maghrébine, roumaine, polonaise, chinoise dans le quartier de Lavapiés, la capitale est depuis longtemps un véritable melting-pot, d'autant que l'Espagne est depuis quelques années un important pays d'immigration. Cela donne à Madrid une **ambiance cosmopolite** et colorée, très pittoresque dans les quartiers populaires du sud de la ville.

Indissociable de Madrid depuis la *movida*, l'incroyable animation nocturne fait partie des charmes de la ville, si sage en plein jour, si gaie, frivole, bruyante dès la nuit tombée. Son inépuisable énergie festive est sans aucun doute la plus étonnante surprise qu'elle réserve au visiteur, à qui il ne reste plus qu'à se laisser porter par un rythme tantôt langoureux, tantôt effréné.

La vieille ville★★

Il n'y a rien de médiéval dans ce que l'on nomme la vieille ville, mais le dédale de ruelles encadrant la Plaza Mayor donne l'idée la plus fidèle de ce qu'était la capitale au temps des Habsbourg. Façades cramoisies, roses ou or et arcades de pierre grise ponctuées de lanternes noires ouvrent sur des trottoirs irréguliers qui descendent en pente douce vers le quartier des couvents, du palais ou vers les faubourgs colorés de La Latina. C'est dans ce lacis entrecoupé d'escaliers et de passages que l'on trouve les sanctuaires les plus anciens de la capitale, les tavernes typiques et les devantures traditionnelles en bois peint. Ici et là, des « azulejos » raffinés alternent style baroque ou Art nouveau, à la gloire des « majas », des grands peintres ou du jambon espagnol...

➔**Accès :** Le métro est le moyen de transport le plus simple pour accéder au quartier. Ⓜ Sol, Callao, Ópera ou La Latina. Pour les inconditionnels du bus, la ligne 3 suit la calle Mayor pour filer vers le nord aux environs du stade Santiago Bernabéu.

Plan détachable dans la couverture et plan de quartier p. 50-51.

➔**Conseil :** Évitez les restaurants de la Plaza Mayor (trop touristiques et chers) et visitez le couvent de las Descalzas Reales.

Puerta del Sol★

C2 sur plan p. 50-51.

Cette grande place semi-elliptique doit son nom (porte du Soleil) à l'ancienne porte fortifiée qui donnait accès à la vieille ville. La porte et les remparts ont été démolis au milieu du 16e s. Lieu traditionnel de rendez-vous, son aspect actuel date du 19e s. La place servit longtemps de centre à la vie madrilène. Par exemple, lors de la révolte contre les troupes napoléoniennes, le **2 mai 1808**, c'est ici que les Madrilènes entamèrent l'insurrection.

À la confluence avec la calle de Alcalá, un petit monument porte les armes de Madrid : l'ours et l'arbousier ; au centre de la place, le socle de la **statue équestre de Charles III** énumère les principales réalisations que ce monarque, un urbaniste éclairé, accomplit à Madrid.

La **Casa de Correos**, un imposant édifice rose et blanc, domine la place. Charles III en commanda la construction (1766-1768) à l'architecte français Maquet, pour y installer la poste centrale. Depuis 1979, c'est le **siège de la présidence de la Communauté autonome de Madrid**. L'**horloge** ne fut rajoutée qu'un siècle après la construction originelle. Chaque nuit de la Saint-Sylvestre, les Madrilènes s'agglutinent sur la place pour les douze coups de minuit et la nouvelle année. Sur le sol, devant la porte, notez la marque du **kilomètre zéro des routes nationales**. Au mur, à droite de la porte, vous remarquerez une plaque commémorant les **victimes de l'insurrection** contre les troupes de

Plaza Mayor..

Napoléon ; à gauche, une autre plaque remercie tous les volontaires anonymes qui ont apporté leur aide lors des terribles attentats de 2004 ; en dessous, l'indication de l'**altitude** de la ville (646 m).
De grandes rues commerçantes partent de la Puerta del Sol. Coté nord, la calle del Carmen et la **calle de Preciados**, la plus animée, qui rejoint la Gran Vía et où se trouve le grand magasin **El Corte Inglés,** le tout premier de la célèbre chaîne espagnole, qui compte plusieurs autres sites à Madrid. La **calle del Arenal** (à l'ouest), piétonne aussi, conduit à l'Opéra. Vers le sud, la **calle de Carretas** compte un certain nombre de magasins bon marché.

Convento de las Descalzas Reales★★

(Couvent des Déchaussées Royales)
B1-2 sur plan p. 50-51. *Comptez 1h30 avec la queue. Plaza de las Descalzas Reales - ✆ 91 454 88 00 - www.patrimonionacional.es - tlj sf lun. 10h-14h, 16h-18h30, dim. 10h-15h (fermeture des guichets 1h av.) - fermé les 24, 25 et 31 déc. et quelques j. fériés catholiques (rens. par tél ou sur Internet) - 7 € (billet combiné avec le couvent de la Encarnación, 10 €) - gratuit merc. et jeu. apr.-midi pour les ressortissants de l'UE (pièce d'identité).*
Sa façade aveugle est loin de laisser deviner les trésors cachés derrière elle. Dès que l'on pénètre à l'intérieur, on est transporté en plein 16e s.
Dans le palais où elle était née, **Jeanne d'Autriche**, fille de Charles Quint, fit aménager un couvent de clarisses.
Le patronage royal a permis au couvent de rassembler une superbe collection, tant de portraits royaux que d'art sacré ou de tapisseries inestimables.
Dès le début de la visite, l'**escalier★** principal, décoré de fresques, frappe par sa magnificence. Dans l'ancien dortoir de la communauté est exposée une extraordinaire collection de **tapisseries★★** ayant pour thème le Triomphe de l'Église, œuvres exécutées au 17e s. à Bruxelles d'après des cartons de Rubens.
La galerie supérieure du cloître ouvre sur **33 chapelles** qui rivalisent de somptuosité ; on remarque celle dédiée à Notre-Dame de Guadalupe (baroque) et celle où se trouve un *Christ gisant* de Gaspar Becerra (16e s.).
Dans les salles à l'entresol, on admire différents portraits royaux d'après Pierre Paul Rubens, Alonso Sánchez Coello, Luis de Morales, Juan Pantoja de la Cruz, un *Saint François* de Francisco de **Zurbarán** ; *L'Adoration des Rois mages et des bergers* de **Bruegel l'Ancien**, le magnifique *Évangile* de **Titien**, une *Vierge à l'Enfant* de Morales et quelques œuvres de **Pedro de Mena** *(Dolorosa, Ecce Homo)* et de José Gregorio Hernández *(Madeleine)*.

Plaza Mayor★★

B2-3 sur plan p. 50-51.
Édifiée en 1619 par Juan Gómez de Mora sous le règne de **Philippe III**, la Grande-Place devient le symbole et le centre du Madrid des Habsbourg. Elle sert de cadre à tous les grands événements, fêtes religieuses ou royales, les corridas et les grandes foires.

L'allure actuelle de la Plaza Mayor ne date pourtant que du 18e s. Dévastée par un incendie, son architecture fut uniformisée par **Juan de Villanueva**, l'architecte du Prado, et son accès fut fermé par des arches. La place se présente comme un **rectangle** équilibré (120 m par 93 m), entièrement pavé. La base des immeubles forme une longue promenade bordée d'**arcades**. Neuf arches ouvrent sur les rues avoisinantes, certaines par des escaliers qui permettent de compenser la dénivellation.

Au centre, la **statue équestre de Philippe III** (1616) ne fut placée à cet endroit qu'en 1848.

Sur le côté nord de la place, on remarque la **Casa de la Panadería★**, avec ses deux tours et sa façade couverte de fresques. Ce fut le premier édifice, construit en 1590, juste avant la création de la place. Son nom – qui signifie maison de la Boulangerie – fait référence à la confrérie des boulangers qui l'occupait. Il héberge désormais des services municipaux et l'office de tourisme de Madrid. Les **fresques** allégoriques, réalisées par Carlos Franco, ne datent que de 1992.

Le dimanche matin s'y tient le marché aux timbres et aux monnaies, et à Noël, les kiosques où l'on vend les décorations des fêtes de fin d'année s'y installent.

Arco de Cuchilleros★

(Arche des Couteliers)

De toutes les arches d'accès à la Plaza Mayor, celle-ci, à l'angle sud-ouest, est la plus célèbre et la plus pittoresque. Elle couvre un grand **escalier** descendant vers la calle de los Cuchilleros et la cava de San Miguel, en contrebas. Elle doit son nom aux couteliers qui vendaient leurs produits, notamment aux bouchers, nombreux jadis de ce côté de la Plaza Mayor.

Mercado de San Miguel★

Avant de rejoindre la calle Mayor, ne manquez pas le joli **marché San Miguel.** Il occupe des halles du début du 20e s. (1915), alliant ossature de fer forgé et verrières. L'intérieur cache une surprise : un bel endroit très à la mode pour prendre des tapas (*Nos adresses p. 44*).

Calle Mayor

A3-B2 sur plan p. 50-51.

Reliant la Puerta del Sol au palais royal, la Calle Mayor (Grande Rue) était autrefois l'axe principal de la vieille ville, courant parallèlement à la Plaza Mayor.

Pedro Calderón de la Barca vécut dans l'étroite maison située au nº 61. À côté, au nº 59, se trouve le site de l'ancienne **pharmacie de la reine mère** (épouse de Philippe V).

L'**Institut italien de la culture** (nº 86) occupe un palais du 17e s., remanié par la suite. En face s'élève l'ancien palais Uceda, de la même époque, siège actuel de l'état-major de la région militaire (Capitanía General). Ce palais de briques et de granite est un exemple typique des constructions civiles de cette période.

Devant l'**église Arzobispal-Castrense** (17e-18e s.) se dresse le monument érigé en souvenir de l'attentat perpétré le jour de leurs noces, en 1906, contre Alphonse XIII et la reine Victoria Eugenia.

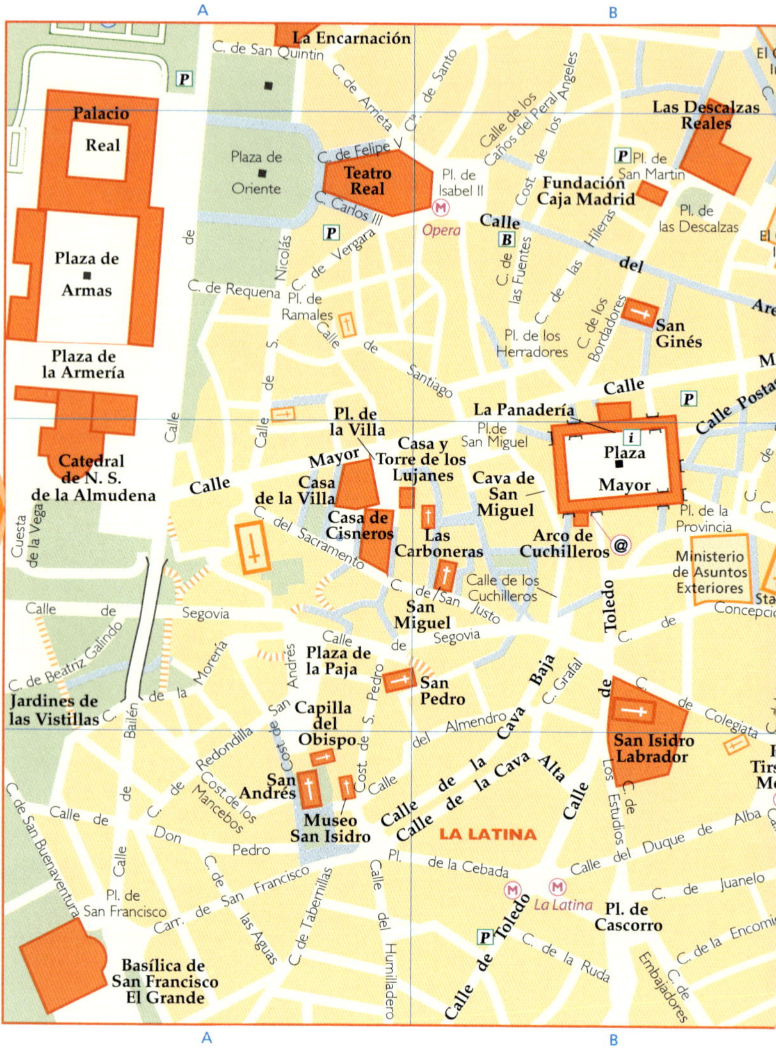
A
B
1
2
3
4
La Encarnación
C. de San Quintín
C. de Arrieta
C.ª de Santo
Calle de los Caños del Peral
Cost. de los Ángeles
Las Descalzas Reales
Palacio Real
Plaza de Oriente
C. de Felipe V
Teatro Real
Pl. de Isabel II
Pl. de San Martín
Fundación Caja Madrid
C. Carlos III
Opera
Calle del Arenal
Pl. de las Descalzas
C. de las Fuentes
C. de las Hileras
Plaza de Armas
C. de Vergara
C. de Requena
Pl. de Ramales
Calle de Santiago
Calle de S. Nicolás
Pl. de los Herradores
C. de los Bordadores
San Ginés
Plaza de la Armería
Calle Mayor
Calle Postas
La Panadería
Pl. de la Villa
Pl.de San Miguel
Casa y Torre de los Lujanes
Plaza Mayor
Catedral de N. S. de la Almudena
Calle Mayor
Casa de la Villa
Cava de San Miguel
Pl. de la Provincia
Casa de Cisneros
Las Carboneras
Arco de Cuchilleros
Ministerio de Asuntos Exteriores
Cuesta de la Vega
C. del Sacramento
C. de San Justo
Calle de los Cuchilleros
Calle de Segovia
San Miguel
Calle de Segovia
Toledo
C. de Concepción
C. de Beatriz Galindo
C. de la Morería
Calle de S. Andrés
Plaza de la Paja
Cava Baja
C. Grafal
San Pedro
Jardines de las Vistillas
C. de Bailén
Capilla del Obispo
Cost. de S. Pedro
C. del Almendro
C. de la Colegiata
San Isidro Labrador
C. de Redondilla
Cost. de San Andrés
San Andrés
Cost. de los Mancebos
Calle de la Cava Alta
Calle de Toledo
C. de San Buenaventura
Calle de Don Pedro
Museo San Isidro
LA LATINA
C. de los Estudios
Calle del Duque de Alba
Pl. de la Cebada
Pl. de San Francisco
Carr. de San Francisco
C. de las Aguas
C. de Tabernillas
Calle del Humilladero
Calle de Toledo
La Latina
Pl. de Cascorro
C. de Juanelo
C. de la Ruda
C. de Embajadores
C. de la Encomienda
Basílica de San Francisco El Grande

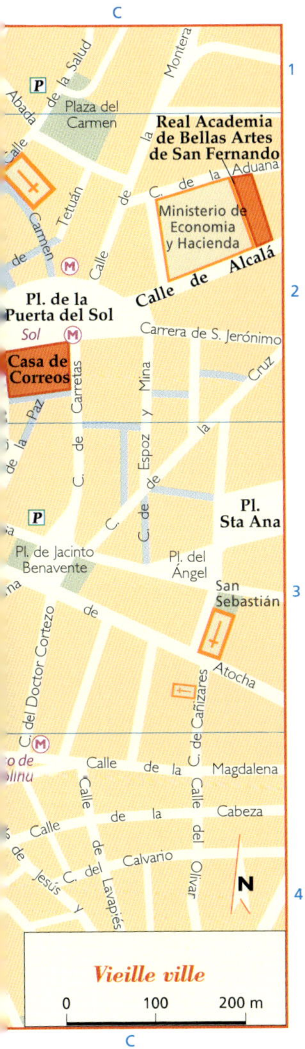

Plaza de la Villa★

A3 sur plan p. 50-51.

Calme et préservée, cette petite place harmonieuse conserve certains des plus anciens édifices de Madrid. La statue placée au centre est celle de l'amiral **Álvaro de Bazán**, vainqueur en 1571 de la bataille de Lépante contre les Turcs. Identifiable à ses imposantes tours carrées, s'y trouve la **Casa de la Villa** (ancien hôtel de ville). Le projet fut lancé en 1599 mais le bâtiment fut transformé à partir de 1645 et jusqu'en 1693. Cela explique que le premier niveau soit plutôt classique mais que les étages adoptent un style nettement baroque. De l'autre côté de la place, se dresse la **Casa de los Lujanes**, l'un des rares témoins de l'architecture civile du 15e s. dans la capitale. Ce palais et sa tour présentent des **éléments mudéjars**, comme les arcades en fer à cheval. Ce serait dans la tour que François Ier aurait été enfermé après sa défaite à Pavie (1525). Du côté sud de la place, la **Casa de Cisneros,** un élégant palais (1537) relié à l'hôtel de ville par un passage en pont, témoigne quant à elle du **style Renaissance**. Largement restaurée au fil des siècles, elle ne conserve de l'édifice d'origine que les façades des calles del Cordón et del Sacramento.

Basílica San Miguel★

B3 sur plan p. 50-51.

C/ San Justo 4 - ✆ 91 548 40 11 - www.bsmiguel.es - 9h45-13h30, 17h30-21h, dim. et j. fériés 9h45-14h15, 18h-21h15 ; 1er juil.-16 sept. : 10h-13h15, 18h-21h15, dim. et j. fériés 9h45-13h30, 18h30-21h15 - entrée libre.

Impossible de manquer la haute façade convexe de ce charmant sanctuaire, nettement inspiré du **baroque italien** (1739), le seul de ce genre à Madrid. La basilique marie avec grande élégance courbes et statues. À l'intérieur, la coupole, les arcs, le décor de stuc et les fresques dégagent la même grâce.

Église San Pedro

A3 sur plan p. 50-51.
Costanilla de San Pedro.
Adossée à l'escalier del Nuncio, cette église toute simple fut bâtie sur le site d'une ancienne mosquée. Son **clocher mudéjar** (14e s.) est l'un des deux derniers de Madrid.

Plaza de la Paja

A3 sur plan p. 50-51.
Il plane un goût de province sur cette large place irrégulière (littéralement « place de la Paille »). À l'époque médiévale, c'était l'un des endroits les plus animés de la ville, siège d'un important marché agricole. Par la suite, c'est devenu un quartier élégant, envahi peu à peu par de nobles demeures. En contrebas de la place, le minuscule **jardin del Príncipe Anglona** *(mars-sept. : 10h-22h, reste de l'année : 10h-18h)* offre un délicieux havre de paix. C'est l'ancien jardin du palais de la famille Osuna, célèbres aristocrates madrilènes. En face se trouve la Capilla del Obispo.

Capilla del Obispo

(Chapelle de l'Évêque)
A4 sur plan p. 50-51.
Plaza de la Paja - ✆ 915 592 874 - ouv. 30mn av. les offices qui ont lieu lun. à 18h30 et 19h30, mar.-vend. à 12h30, 18h30 et 19h30, sam. à 12h30 et dim. à 12h30, 19h et 20h30 - visite guidée en espagnol 2 €.
Cette construction, l'une des plus anciennes de Madrid (première moitié du 16e s.), ressemble de l'extérieur à un palais. Du petit cloître, une belle porte en bois, ornée de scènes de l'Ancien et du Nouveau Testament, donne accès à la chapelle de style gothique tardif. Œuvre de **Francisco Giralte**, la **décoration sculptée★**, de style Renaissance **plateresque** (qui rappelle le travail de l'orfèvrerie, *platero* signifiant orfèvre), se compose d'un somptueux retable et de délicats cénotaphes en albâtre. La chapelle s'élève sur un ancien cimetière médiéval dont on peut voir des vestiges archéologiques (à droite du chœur).

Église San Andrés

A4 sur plan p. 50-51.
Plaza de San Andrés 1.
Surmontée d'une coupole de brique et de pierre, cette église baroque du 17e s. a été construite à l'origine pour abriter les reliques de San Isidro (*Les dates clés p. 110)*. À l'intérieur, on est surtout frappé par la belle décoration baroque en marbre du chœur et de la coupole.

Musée de San Isidro. Les origines de Madrid

A4 sur plan p. 50-51. *Comptez 30mn. Plaza de San Andrés 2 - ✆ 91 366 74 15 - www.munimadrid.es - tlj sf lun. 9h30-20h - fermé lun., 1er janv., 1er Mai et 25 déc.- entrée libre - explications uniquement en espagnol.*

Ce tout petit musée des Origines est installé sur le site où vécut **San Isidro**, patron de Madrid. Le bâtiment, organisé autour d'un patio Renaissance (16e s.), conserve une petite chapelle du 17e s. et surtout le puits où Isidro sauva miraculeusement son fils. La visite présente l'**histoire de la capitale** telle que l'ont révélée les fouilles archéologiques, en passant par la préhistoire, l'époque romaine puis musulmane et enfin l'âge d'or de Madrid.

Jardines de las Vistillas

A3 sur plan p. 50-51.
Ils se trouvent à l'ouest de la r. de Bailén.
Lieu traditionnel des fêtes populaires (San Isidro, la Paloma), ce petit parc arboré jouit d'une superbe vue sur la cathédrale de la Almudena, la Casa de Campo et même la sierra par temps clair. Une escale bien agréable au coucher du soleil…

Basílica San Francisco el Grande

(Basilique Saint-François le Grand)
A4 sur plan p. 50-51.
Plaza San Francisco - ✆ 91 365 38 00 - mar.-sam. 10h30-12h30, 16h-18h (juil.-août, mar.-dim. 10h30-12h30, 17h-19h) ; pas d'office le sam. - visite guidée (30mn) en espagnol, 3 € (recommandée pour profiter de l'éclairage des chapelles).
Au sud des jardins de las Vistillas, cette imposante basilique se dresse sur le site d'un monastère fondé en 1217 par saint François d'Assise. Elle arbore une austère façade néoclassique conçue par Francesco **Sabatini**. De l'extérieur, la **coupole** semble trompeusement modeste : son diamètre de 33 m dépasse pourtant celui des Invalides ! L'intérieur adopte un plan circulaire avec six chapelles rayonnantes, chacune surmontée d'une coupole plus petite et richement décorée de **fresques** des 18e et 19e s. Dans la première chapelle à gauche, la *Prédication de saint Bernardin de Sienne au roi d'Aragon* (1781) est une œuvre de jeunesse de Francisco de **Goya**. L'ensemble du décor frappe par son opulence. Ne manquez pas notamment les belles **stalles gothiques★** du chœur (15e s.).

Collégiale San Isidro Labrador

B3-4 sur plan p. 50-51.
Cette austère église baroque fut la cathédrale de Madrid jusqu'à la consécration de la Almudena (*Les dates clés p. 110*) en 1993. C'est dans cet édifice typique de l'art jésuite, que sont désormais déposés les restes de San Isidro et de son épouse. Le sanctuaire est particulièrement fréquenté par les Andalous de la capitale qui vénèrent les Vierges de Los Reyes et de la Macarena *(à droite de l'entrée)*.

Les Cavas

B3-4 sur plan p. 50-51.
La **cava Alta** et la **cava Baja** relient les anciennes puertas Cerrada et del Moros. Pour la petite histoire, ces deux *cavas* (fossés) étaient les douves défensives de la **muraille chrétienne du 12e s.** Avec un peu de chance, la porte du n° 30 de la cava Baja sera ouverte : en pénétrant dans la cour, vous pourrez admirer une partie de la muraille médiévale. Dans ces deux rues, vous trouverez de nombreux bars et restaurants (*Nos adresses p. 44*).

Autour du palais royal★★

C'est en arrivant par la plaza de Oriente que l'on prend la mesure et les contrastes de ce pompeux palais, énorme pâtisserie classique posée au bord du trottoir. On s'en approche en longeant les statues, on l'aperçoit entre les frondaisons des arbres, on traverse une petite esplanade pavée et on arrive juste devant la porte. La royauté de plain-pied en quelque sorte, un peu à l'image de cette famille royale espagnole, qui vit sans façon mais se réclame d'un héritage long et fastueux. L'ensemble du quartier présente ce plaisant mélange de rigueur et de sobriété, de grandeur et de proximité. On passe de la haute façade de l'Opéra royal aux grilles discrètes d'un couvent, du dôme orgueilleux de la Almudena aux façades patinées des ruelles. Madrid prend ici des allures de grande dame que vient à peine perturber la foule gracieuse qui se presse pour les concerts classiques.

➔**Accès :** Ⓜ Ópera. Les lignes de bus 3, 25, N 13, N 15 et 39 passent par la plaza Isabel II (place de l'Opéra). **Plan détachable dans la couverture.**

➔**Conseil :** Ne manquez pas une visite rapide au palais et à la collection d'armures.

Le palais royal★★

C5. *Comptez 1h30 à 2h.*

C/ Bailén - ✆ 91 454 88 00 - www.patrimonionacional.es - avr.-sept. : tlj 10h-20h ; oct.-mars : tlj 10h-18h - fermé pour les cérémonies officielles et le 25 déc. (le 24 et le 31 déc. à partir de 15 h) - 10 € (5-16 ans : 5 €)- visite libre gratuite lun.-jeu. 16h-18h (avr.-sept. 18h-20h) pour les ressortissants de l'UE (sur présentation d'une pièce d'identité) - audioguide 4 €.

Le roi et la reine n'y résident pas, ce palais n'accueille que les cérémonies officielles.

Histoire

En 1734, un incendie ravagea le vieil *alcázar*. Le nouveau roi, **Philippe V**, est le premier de la dynastie des Bourbons. Marié à une Italienne, il rêve d'apporter à la cour d'Espagne le raffinement d'un Versailles. Le couple porte son choix sur des architectes italiens, **Filippo Juvarra** puis **Bautista Sacchetti**. Ils vont finir par ériger un palais compact et haut – il atteint huit étages au point le plus élevé. Il faudra attendre le règne de **Charles III**, petit-fils de Philippe V, pour que l'ensemble soit achevé, sous la direction d'un autre italien, **Sabatini**. L'ensemble forme un carré de granite et de pierre blanche de 140 m de côté, entourant une cour centrale. Conçu alors que la mode était au **style baroque**, le palais fut achevé à la grande époque du **néoclassique**. Sa construction s'étala sur vingt-six ans et sur trois règnes.

Visite du palais

On accède au palais par la **plaza de la Armería** (de l'armée), qui sépare la cathédrale de la Almudena des grilles d'entrée. Devançant le palais lui-même, s'étend la **plaza de Armas** (place d'Armes), une vaste cour d'honneur

Le Palais Royal.

encadrée de deux ailes. Celle de gauche est percée d'arcades ouvrant sur un balcon : belle **vue** sur la vallée du Manzanares et la Casa de Campo.
Donnant sur la plaza de Armas, la façade principale du palais, avec ses multiples colonnes et sa corniche en balustrade illustre parfaitement le style baroque voulu par les deux premiers architectes.
Par l'escalier monumental (voûte de Corrado Giaquinto), on monte vers le salon des Hallebardiers (plafond de Giambattista Tiepolo), qui donne accès au **salon des Colonnes**, où se déroulaient les fêtes et les banquets et où, le 12 juin 1985, a été signé le traité d'adhésion de l'Espagne à la CEE. On passe ensuite dans la **salle du Trône★**, appelée au 18e s. salon des Royaumes, qui conserve dans son intégralité sa décoration de l'époque de Charles III.
Elle est tapissée de velours de soie rouge, et son splendide plafond est une œuvre de **Tiepolo** (1764) symbolisant *La Grandeur de la monarchie espagnole*.
Les consoles, les miroirs et les lions en bronze ont été conçus par des artistes italiens. Les trois salles suivantes constituaient l'appartement du roi ; elles furent occupées par Charles III en 1764.
La salle Gasparini était la salle à manger du roi : de sa décoration originale, il ne reste que le plafond d'Anton Rafael **Mengs**. Dans l'antichambre Gasparini, dont le plafond a également été peint par Mengs, on peut admirer les portraits de *Charles IV* et de *Marie-Louise de Parme*, par **Goya**. La troisième pièce est l'exceptionnelle **chambre Gasparini**, décorée dans un style rococo raffiné et somptueux.

Le salon de Charles III était en fait sa chambre, où il mourut en 1788.
La décoration est de l'époque de Ferdinand VII. Le **salon de Porcelaine** est, comme celui du palais d'Aranjuez, un chef-d'œuvre de la Manufacture royale de porcelaine du Buen Retiro.
Les dîners officiels ont lieu dans la **salle à manger de gala** d'Alphonse XII (capable d'accueillir 145 convives), décorée avec des tapisseries de Bruxelles du 16e s.
Les salles suivantes montrent de la vaisselle et des services de verres utilisés par les monarques.
Une collection d'instruments musicaux – dont plusieurs **Stradivarius★** – est exposée dans les deux salles contiguës. La chapelle abrite les fresques de Giaquinto, l'*Annonciation* de Mengs et l'*Archange saint Michel* de Francisco Bayeu. Les cabinets de la reine Marie-Christine offrent un curieux mélange
des genres, qui va du style pompéien du salon des Stucs au style néogothique de la salle de billard.

Real Oficina de Farmacia

Le côté est de la plaza de Armas a été en partie aménagé pour présenter la pharmacie qui fabriquait potions et onguents pour la famille royale et son personnel. Outre une belle collection de pots en **faïence de Talavera**, vous y verrez une série de flacons ainsi que la reconstitution d'une salle de distillation.

Real Armería★★

L'aile ouest de la plaza héberge une exceptionnelle collection d'armures et d'armes réunies principalement par

Charles Quint et **Philippe II**. Les plus belles pièces sont les **armures** de ces deux souverains (plus d'une centaine pour Charles Quint !), mais la collection, l'une des deux plus belles d'Europe, recense aussi celles de Philippe III ainsi que les armes de chasse des Bourbons.

Catedral de la Almudena

C5. *Comptez 15mn.*
C/ de Bailén 10 - ✆ 91 542 22 00 - www.catedraldelaalmudena.es - tlj 9h-20h30 ; juil.-août 10h-21h - entrée libre (contribution conseillée 1 €).
Fermant au sud la perspective de la plaza de Armas, l'énorme sanctuaire de N.-D.-de-la-Almudena est officiellement la cathédrale de Madrid. Sa construction démarra en 1879, mais l'édifice ne fut consacré qu'en 1993, par le pape Jean-Paul II lui-même. Le site choisi fut celui de la première chapelle chrétienne construite pour remplacer la mosquée de Mayrit. Elle est dédiée à la Vierge de la Almudena, patronne de la ville.
À l'extérieur, la cathédrale présente un style néobaroque imposant mais sans grand charme et un intérieur néogothique assez coloré. Au fond du croissillon de droite, remarquez le magnifique **retable★** peint de **Jean de Bourgogne** (15e-16e s.).
En ressortant, sur la droite de l'édifice, dominant le petit square, vous verrez une copie de la statue dans une niche. La crypte néoromane *(entrée par la calle Mayor, 92 - 1 €)* abrite une copie (16e s.) de la Vierge de la Almudena.
Derrière le chevet de la cathédrale, sur la cuesta de la Vega, subsiste une petite portion de la **muraille arabe** (9e s.), renforcée ensuite par les chrétiens (12e s.). Pour l'anecdote, c'est dans cette cathédrale que fut célébré, en 2004, le mariage du prince Felipe avec Letizia Ortiz.

Jardines de Sabatini et Campo del Moro

Sur le côté nord du palais, les **jardins de Sabatini** avec leur décor à la française, le bassin et les statues offrent un havre agréable.
En contrebas, en longeant la cuesta de San Vicente et en tournant à gauche sur le paseo de la Virgen del Puerto, on accède au **Campo del Moro**, le grand parc du palais *(été : 10h-20h, dim. 9h-20h ; hiver : 10h-18h, dim. 9h-18h)*.
Il doit son nom aux troupes maures qui y campèrent pour assiéger la ville en 1109. La **vue sur le palais★**, à partir de l'une des allées centrales, y est la plus imposante et donne une idée de sa grandeur.

Plaza de Oriente★

C5.
Joseph Bonaparte conçut l'idée d'une vaste place donnant une perspective sur le palais. Il fit donc raser plus de 50 maisons, deux couvents, une église et nombre d'autres établissements pour créer cette place semi-circulaire, la plus chic de Madrid. Les aménagements s'étalèrent sur les règnes successifs de Ferdinand VII et Isabelle II. Quand les membres de la famille royale font une apparition officielle, ils se tiennent sur le balcon qui fait face à cette place.

Au centre, la **statue équestre de Philippe V**, œuvre de Pietro Tacca, est très antérieure (1639) et représentait une prouesse technique au moment de sa fabrication. Le cheval cabré, réalisé d'après un modèle de Vélasquez, pèse plus de 8 tonnes. Pour qu'il tienne en équilibre sur ses pattes arrière, Galilée conseilla d'en lester l'arrière-train et de prévoir une partie antérieure creuse. Les **statues** de pierre qui ponctuent les allées proviennent du palais.

Teatro Real

C-D5.
Plaza Isabel II - ✆ 91 516 06 96 - www.teatro-real.es - tlj 10h30-13h - 8 € (-26 ans 6 €), -7 ans gratuit) - visite guidée de 50mn, départ ttes les 30mn.
Quand Ferdinand VII prit la succession de Joseph Bonaparte, en 1814, il abandonna le projet d'un grand boulevard partant de la plaza de Oriente et ferma la place en y dressant cet Opéra néoclassique imposant, inauguré en 1850 par Isabelle II. L'intérieur somptueux, entièrement restauré en 1997, compte neuf étages, et accueille depuis la saison d'opéra, de concerts et de ballets.

Couvent de la Encarnación★

C4-5. *Comptez 45mn.*
Plaza de la Encarnación 1 - ✆ 91 454 88 00 - www.patrimonionacional.es - mar.-sam. 10h-14h, 16h-18h30, dim. et j. fériés 10h-15h - fermé 1er et 6 janv., Sem. sainte, 1er Mai, 24, 25 et 31 déc. - visite guidée en espagnol (45mn) 7 € (5-16 ans 4 €), 10 € en billet combiné avec le couvent de las Descalzas Reales) - visite libre gratuite le merc. et jeu. apr.-midi pour les ressortissants de l'UE (pièce d'identité).
Ce couvent se trouve sur la jolie place du même nom, à proximité de l'ancien *alcázar* auquel il était relié par un passage. Fondé en 1611 par Marguerite d'Autriche, femme de Philippe III, et occupé par les augustines, il bénéficia depuis des largesses de tous les rois d'Espagne, ce qui lui permet aujourd'hui de posséder une importante collection artistique.
Celle des tableaux de l'école madrilène du 17e s. est particulièrement riche. On y remarque une toile d'Adam Frans Van der Meulen représentant l'échange des princesses qui eut lieu en 1615 sur l'île des Faisans, et un *Saint Jean-Baptiste* de José **Ribera**. Notez au 1er étage, le *Christ à la colonne*, sculpture polychrome de Gregorio Hernández.
Dans la **salle des reliques★**, au plafond peint par Vicenzo Carducci, sont exposées quelque 1 500 pièces. Parmi les reliquaires les plus remarquables, le *Lignum Crucis* (renfermant un fragment de la Vraie Croix) et l'ampoule contenant le sang de saint Pantaléon qui, dit-on, se liquéfie chaque année le 27 juillet.
L'église, au sobre portail quasi herrérien, est une œuvre de Gómez de Mora (1611). Après l'incendie de l'*alcázar*, elle fut reconstruite par Ventura Rodríguez (18e s.). Derrière son portail sévère, elle est l'une des églises les plus raffinées de Madrid, un bijou décoré de fresques somptueuses.

Façades et cafés plaza de Oriente.

Autour de la plaza Santa Ana

Si l'on appelle ce quartier le Barrio de las Lettras (le quartier des Lettres), c'est en souvenir de l'âge d'or de l'Espagne, quand les grands noms de la littérature le fréquentaient. C'est là que les théâtres s'implantèrent, suivis des cafés littéraires. Les abords de la plaza Santa Ana et de la calle de las Huertas virent fleurir les établissements et toute une population bohème en colonisa les terrasses, tandis que l'on venait s'encanailler dans les maisons de rendez-vous… Certaines rues égrènent de longues séries de bars aussi serrés que les perles d'un collier. On y refait le monde en parlant lettres ou philosophie, on y écoute du jazz dans les vapeurs de whisky, on y secoue l'ennui entre un mojito et une salsa. Et si la movida s'évanouit doucement, on y retrouve encore le goût des nuits interminables.

➔**Accès :** La plupart des rues du quartier étant piétonnes, le meilleur transport en commun reste le métro (l. 1 et 2). Ⓜ Sol, Sevilla, Banco de España, Antón Martín. Les lignes de bus 6, 26 et 32 remontent la calle Atocha, à deux pas de la plaza Santa Ana.
Plan détachable dans la couverture.
➔**Conseil :** S'il fait beau, prenez votre petit-déjeuner au soleil, sur la plaza Santa Ana.

Plaza Santa Ana

E5.
Au cœur de ruelles pentues et enchevêtrées, cette place bordée de terrasses de cafés est très appréciée des Madrilènes. Sa création date de 1810. Les deux statues évoquent deux grands noms de la littérature, **Pedro Calderón de la Barca**, dramaturge madrilène du 17e s. et **Federico García Lorca**, célèbre poète andalou du 20e s.

Teatro Español

E5.
C/ Príncipe 25 (Plaza Santa Ana).
Ce théâtre, réputé pour ses productions contemporaines, ferme la place côté est. Il conserve une façade néoclassique, conçue au 19e s. par **Juan de Villanueva**, l'architecte du Prado. Il est considéré comme l'une des scènes les plus prestigieuses d'Espagne.

Hotel ME Madrid

D5.
L'ancien **hôtel Reina Victoria** fait face au théâtre, à l'autre bout de la place. On ne peut manquer son architecture au style presque balnéaire (1919-1923) que l'on imaginerait mieux sur les rives de l'Adriatique qu'en plein cœur de Madrid ! Ce fut longtemps un rendez-vous favori des toreros de passage. Le grand **Manolete** y séjournait régulièrement. Mais on y rencontrait

QUELQUES BARS HISTORIQUES DE LA PLAZA SANTA ANA

Le plus célèbre des établissements de la plaza, malheureusement de plus en plus touristique, est la Cervecería Alemana, créée en 1904. Cet établissement fut fréquenté par d'illustres écrivains (Hemingway) et toreros… Ne ratez pas les photos exposées.
À l'angle nord-ouest, près de l'hôtel ME Madrid, le Villa Rosa présente une splendide série d'azulejos figurant des villes du sud de l'Espagne entre des guirlandes de fleurs, de fruits et des angelots. Les fans de Pedro Almodóvar reconnaîtront le lieu où le spectacle de travestis du film « Talons aiguilles » fut tourné.
Au sud-ouest de la plaza Santa Ana, sur la plaza del Ángel (nº 14), l'España Cañi conserve lui aussi ses faïences multicolores. On y va pour les tapas et les soirées flamenco.
Tout près de là, le Viva Madrid (C/ Manuel Fernández y González 7) offre une atmosphère très typique des bars madrilènes, derrière son bel azulejo de la fontaine de Cybèle.

aussi des écrivains, tels Prosper Mérimée ou, plus tard, Ernest Hemingway. Terrasse branchée au dernier étage.

Maison-musée de Lope de Vega

E6.

C/ de Cervantes 11 - ✆ 91 429 92 16 - visite guidée (45mn) en espagnol tlj sf lun. 10h-15h (dernière visite 14h). Il est préférable de réserver par tél. ou par mail (casamuseolopedevega@madrid.org) - gratuit.

C'est dans cette discrète maison de ville que l'un des plus grands auteurs espagnols passa la fin de sa vie. La visite permet à la fois de découvrir l'endroit où il abrita une famille très peu conventionnelle, mais aussi de s'imaginer ce qu'était la vie à Madrid au début du 17e s.

Le **1er étage** concentre les pièces à vivre : le **bureau-bibliothèque,** la plus grande pièce, à côté, l'**estrade**, conçue pour isoler du froid et où se rassemblaient les femmes autour d'un brasero, une petite **chambre** voisine (c'est là que l'écrivain est mort) et une **chapelle** consacrée à San Isidro. Sur l'arrière de la maison, côté jardin, se trouvent la **salle à manger**, la chambre de l'une des filles de Lope de Vega et la **cuisine.**

Le 2e étage compte une chambre que la loi imposait de garder à la disposition des invités du roi, la chambre des enfants et une dernière, réservée aux servantes.

Le petit **jardin** dégage un charme intemporel. C'était le lieu de retraite préféré de l'auteur.

Calle de las Huertas

(Rue des Vergers)

D-E6.

Réputée jadis comme un repaire de la bohème madrilène, cette longue rue en pente multiplie les bars et restaurants animés. Le souvenir des grands auteurs n'y flotte plus depuis longtemps. Tout juste note-t-on, au passage, que le n° 18 fut la **maison de Cervantès** à une époque de sa vie (il vécut aussi dans la calle de León, voisine). Mais ce fut toujours une rue à la réputation interlope – on y compta jusqu'à 800 maisons closes au 18e s.

Las Cortes

E5.

Plaza de las Cortes - ✆ 91 390 65 25/26 - www.congreso.es - sam. sf j. fériés 10h30-12h30 - entrée libre, pièce d'identité demandée - visite guidée uniquement.

Immédiatement repérable à son **style néoclassique** et ses hautes colonnes de temple grec, le Parlement espagnol, construit en 1850 sous le règne d'Isabelle II, ne présente guère d'intérêt pour le touriste. Les deux énormes lions qui gardent l'escalier ont été fabriqués avec des canons pris aux Marocains. Sur le plan historique, le palais des Cortes fut le théâtre d'une **tentative de coup d'État** le 23 février 1981 *(Pour en savoir plus/Les dates clés p. 110)*.

Teatro de la Zarzuela

E5.

C/ Jovellanos 4.

Construit sur le modèle de la Scala de Milan pour accueillir les zarzuelas, ces opérettes particulièrement populaires, le théâtre de la Zarzuela fut inauguré le 10 octobre 1856, pour l'anniversaire de la reine Isabelle II. C'est le seul de ce genre en Espagne. Le décor y est particulièrement somptueux.

Calle de Alcalá

E-F5, F-G4 et H3.

Tout comme la Gran Vía voisine *(p. 80)*, cette très longue rue – elle se poursuit vers le nord-est jusqu'à la banlieue de Madrid – fait partie des efforts d'urbanisme qui ont caractérisé les 19e et 20e s. Le tronçon de la calle de Alcalá partant de la Puerta del Sol est le plus représentatif de cette évolution. Des nos 5 à 11, la **Real Casa de la Aduana** (ancienne maison des Douanes, aujourd'hui Ministerio de Hacienda, qui fait partie du ministère des Finances) fut érigée à partir de 1761 en style **néo-Renaissance**. Le n° 13 est occupé par l'**Academia de Bellas Artes de San Fernando** (académie des Beaux-Arts), édifice construit à partir de 1710 en style baroque, dont la façade fut rasée pour laisser la place au style néoclassique. Elle abrite un intéressant musée.

Le **Casino de Madrid** *(n° 15)*, de **style Belle Époque**, date de 1903 *(fermé à la visite, sf le restaurant gastronomique)*.

De l'autre côté de la rue, au n° 14, la **Banco Español de Crédito** (1880) se reconnaît aux nombreuses têtes d'éléphants sculptées sur la façade.

Au n° 16, la **Banco de Bilbao** (1910) est surmontée de chars tirés par des chevaux fougueux.

Plus loin, à nouveau sur le côté gauche, l'**église de Las Calatravas** (1670-1678) conserve un exubérant **retable baroque** du maître-autel, œuvre de **Churriguera**.

L'angle de la calle de Alcalá et de la Gran Vía est occupé par l'étrave richement ornée de l'**immeuble Metrópolis.**

Centre culturel circulo de Bellas Artes de l'architecte Antonio Palacios Ramilo.

Traversez la rue pour découvrir, à l'angle de la calle del Marqués de Casa Riera, le célèbre **Círculo de Bellas Artes** (1926). Dessiné par l'architecte éclectique **Antonio Palacios**, il affiche plutôt ici un style Art déco assez sobre. C'est un centre culturel de grande qualité. L'atmosphère de son café *(entrée 1 €)* est délicieusement surannée. Sa terrasse servit de cadre à une scène du film *Kika* de **Almodóvar**.
À l'angle du paseo del Prado et de la **plaza de Cibeles★**, se dresse l'énorme masse de la **Banco de España**. Bâtiment érigé en 1882, il a été récompensé par la médaille d'or d'architecture, à l'Exposition nationale des beaux-arts de 1884.

Academia de Bellas Artes de San Fernando★

(Académie des Beaux-Arts de Saint-Ferdinand)
E5.
C/ de Alcalá 13 - ✆ 91 524 08 64 - www.realacademiabellasartessanfernando.com - mar.-dim. et j. fériés 10h-15h - fermé lun., 1er et 6 janv., 1er et 30 mai, 9 nov., 24, 25 et 31 déc. - 6 € (gratuit merc. non fériés, 18 mai, 12 oct. et 6 déc.).
L'Académie fut fondée en 1752 par **Ferdinand VI** pour offrir un enseignement et des fournitures gratuits aux jeunes élèves. En 1773, c'est **Charles III** qui est au pouvoir. Il choisit de racheter l'élégant palais churrigueresque (1710) d'un riche banquier. Malheureusement, les académiciens n'en goûtent pas l'exubérance et confient sa transformation presque totale à l'architecte Villanueva. Le musée possède une riche collection de **peintures** allant du 16e au 20e s.
Une partie de l'entresol est réservée aux grandes expositions temporaires. Le musée proprement dit abrite sur deux étages les collections permanentes.
Le 1e étage est consacré à la peinture espagnole du Siècle d'or qui est représentée par des œuvres de **Ribera**, **Bartolomé Esteban Murillo**, **Alonso Cano** *(Christ crucifié)*. De **Zurbarán**, on remarque le portrait de *El Beato Alonso Rodríguez*. Le 18e s. est présent avec des peintres liés aux Bourbons (Van Loo, Mengs, Giaquinto, Tiepolo et Bayeu) et, surtout, dans les œuvres de **Goya**, parmi lesquelles vous pourrez admirer l'*Autoportrait devant le chevalet* et une série de petits tableaux *(Maison des fous, Scène de l'Inquisition…)*. Parmi la collection de peinture européenne, remarquez l'énigmatique *Printemps* de **Giuseppe Arcimboldo**, la *Descente de Croix* de **Martin De Vos**, *Susana y los Viejos* de **Rubens** (1608), les natures mortes hollandaises et les intéressantes peintures italiennes de **Guido Reni** ou **Luca Giordano**.
Le 2e étage, plus particulièrement réservé à la peinture et à la sculpture espagnoles des 19e et 20e s., permet de découvrir des peintres tels que **Joaquín Sorolla** ou le Basque **Ignacio Zuloaga**. Parmi les artistes du 20e s., on notera les peintres **José Juan Gris**, **Pablo Picasso** (des dessins et des affiches de corrida), **Benjamín Palencia**, **Antoni Tàpies**, le Tolédan **Rafael Canogar**, **Manuel Rivera**, qui travaille avec la toile métallique…

Autour du paseo del Prado★★★

Voici le cœur du Madrid des Bourbons, aménagé à partir du 18e s. Après le pittoresque fourmillement des étroites ruelles de la vieille ville, on aborde de larges avenues plantées d'arbres, promenades ponctuées de fontaines et de statues, ouvrant sur de vastes parcs prisés des Madrilènes. Les deux plus prestigieux musées du pays se font face, le long de cet élégant « paseo » ombragé. C'est toute l'histoire de la peinture qui déroule ses fastes sous le regard du visiteur, des émouvants primitifs italiens à la violence colorée des expressionnistes allemands, des compositions énigmatiques du mystique Jérôme Bosch au désespoir sombre d'un Goya vieillissant. Et à deux pas, la fraîcheur bienvenue du parc du Buen Retiro, la cohue des barques sur l'étang, la campagne à la ville...

➔**Accès :** Ⓜ Retiro, Banco de España ou Atocha (l. 1 et 2). Lignes de bus 10, 14, 27, 34, 37, 45, N 8, N 10, N 11 et N 15. **Plan détachable dans la couverture.**
➔**Conseil :** Si vous comptez visiter les trois grands musées (Prado, Thyssen et Reina Sofía), achetez le billet combiné *Paseo del Arte*.

Plaza de la Cibeles★

E5.
Au point de rencontre de l'axe des *paseos*, de la Gran Vía et de la calle de Alcalá, cette immense place circulaire constitue l'une des plus célèbres cartes postales de la capitale espagnole. Elle est dominée, côté sud, par les deux masses imposantes de la **Banco de España** *(angle de la C/ de Alcalá)* et du palais des Communications.
Côté nord, les jardins du palais de Buenavista (18e s.) sont ceux du **ministère de la Défense**.
En face, la **Casa de América** occupe l'ancien **palais de Linares★** (1872), consacré désormais à la mise en valeur des cultures d'Amérique latine.
L'imposante fontaine (**Fuente de Cibeles,** 1777) est l'un des symboles de la ville, représentant la déesse Cybèle, figure de fertilité et d'abondance, montée sur un char tiré par des lions. Elle fut réalisée par l'architecte Ventura Rodríguez, à la demande du roi Charles III.

Palacio de Cibeles★

F4.
Plaza de Cibeles, 1. Centrocentro : ✆ 91 480 00 08 - www.centrocentro.org - mar.-dim. 10h-20h (Mirador : 10h30-13h30, 16h-19h) - fermé 1er et 6 janv., 1er Mai, 24, 25 et 31 déc. - entrée libre ; Mirador : 2 € (gratuit 1er merc. du mois, 2 et 15 mai et 12 oct.). Restaurant gastronomique et bar doté d'agréables terrasses au 6e étage.

La silhouette massive de ce singulier édifice, siège de l'**hôtel de ville**, couronné de tours compliquées attire tous les regards. L'ancien palais des Communications, s'il se réclame de l'Art nouveau, constitue en réalité l'un de ces amalgames de styles typiquement madrilènes, mélangeant sans complexe les héritages gothique et baroque.
L'un de ses deux architectes, **Antonio Palacios**, œuvra dans un tout autre genre au Círculo de Bellas Artes (*p. 64*). L'intérieur, aussi surprenant que l'exterieur, accueille notamment le **CentroCentro**, 30 000 m² consacrés aux expositions, boutiques, espaces de détente, conférences et autres manifestations. La terrasse du **Mirador**, située dans la tour centrale du palais (8e étage, 70 m), offre une **vue★** à 360° sur Madrid (tables d'orientation). À la sortie, en montant vers la puerta de Alcalá, jetez un coup d'œil *(à droite)* à la **Galería de cristal**, un passage couvert d'une voûte formée de milliers de triangles de verre.

Paseo del Prado★

E5-6.
En 1785, trois ans avant la fin de son règne, Charles III lance le projet d'aménagement d'une splendide promenade. L'idée est d'en faire une sorte de grand salon de plein air, où les Madrilènes viendraient flâner à l'ombre des grands arbres.
Outre la fontaine de Cybèle qui en marque le début, le paseo del Prado en compte deux autres, la **fontaine d'Apollon**, la plus modeste, au milieu, et la **fontaine de Neptune**. Le projet comportait aussi un cabinet d'Histoire naturelle (devenu le **musée du Prado**), un **jardin botanique** et un **observatoire astronomique**.
À peu près au milieu de la promenade, sur la gauche, la petite **plaza de la Lealtad** porte un obélisque consacré aux héros du 2 Mai et, depuis 1985, à tous ceux qui sont tombés pour l'Espagne, y compris les victimes de la guerre civile. La place est entourée de maisons seigneuriales parmi lesquelles se distinguent l'hôtel Ritz et le palais de la **Bourse** (1893).
Face à la place de la Bourse, interrompant le *paseo*, la plaza Cánovas del Castillo sert d'écrin à la **fontaine de Neptune**.

Musée Naval★

(Museo Naval)
E5. *Comptez 30mn.*
Paseo del Prado 5 - ✆ 91 523 85 16 - www.armada.mde.es - tlj sf lun. 10h-19h (août : 10h-15h) - fermé lun., 1er et 6 janv., 24 et 25 déc. - gratuit - pièce d'identité exigée à l'entrée.
Le musée naval occupe le 1er étage de l'état-major de la Marine.
On peut y voir une superbe collection de **maquettes de navires★**, des livres et des instruments de navigation, des armes, des portraits, des tableaux de batailles navales et même la reconstitution fidèle de la luxueuse cabine d'un commandant de navire au 19e s. On découvre ainsi en détail toute l'histoire de la Marine espagnole, de la découverte de l'Amérique à son porte-

L'escalier de la Caixa Forum.

étendard actuel, le porte-avions *Principe de Asturias* (1988). Parmi les curiosités d'intérêt, remarquez en particulier la précieuse **carte★★** de Juan de la Cosa (vers 1500), d'une valeur inestimable, où l'Amérique est représentée pour la première fois.

Musée du Prado★★★

E5-6. *Comptez 2 à 3h.*
Paseo del Prado - ✆ 90 210 70 77 - www.museodelprado.es - lun.-sam. 10h-20h, dim. et j. fériés 10h-19h - 24 et 31 déc. et 6 janv. : 10h-14h - dernière entrée 30mn avt la fermeture - fermé 1er janv., 1er Mai et 25 déc. - 14 €, sont incluses les expositions temporaires le jour de la visite (gratuit : -18 ans, familles nombreuses de l'UE, 19 nov. et 18 mai) - entrée + guide du Prado 23 € - billet Paseo del Arte 25,60 € - coll. permanente gratuite lun.-sam. 18h-20h, dim. et j. fériés 17h-19h - plan du musée et audioguide (3,50 €) en français.

Histoire

Le plus célèbre musée d'Espagne trône à mi-chemin du paseo del Prado. Il abrite la plus importante collection de peinture espagnole au monde.
L'édifice néoclassique réalisé par **Juan de Villanueva** fut construit durant le règne de Charles III pour abriter l'Académie des sciences naturelles. Après la guerre d'Indépendance, Ferdinand VII reprit à son compte le projet de Joseph Bonaparte de création d'un musée. Le nouveau musée royal fut inauguré en 1819. Le plus gros des collections concernait bien sûr la peinture espagnole, mais la puissance passée de l'Empire avait permis aux rois d'amasser des trésors en matière de peinture italienne, flamande et allemande.

Une longue rénovation

Au fil des années, le Prado a subi de profondes modifications, la dernière en date étant son extension radicale, confiée à l'architecte **Rafael Moneo** (lauréat du prix Pritzker en 1996, également auteur de l'aménagement du musée Thyssen-Bornemisza), faisant passer la superficie de 25 600 m^2 à 44 300 m^2.
L'extension comporte un nouvel édifice de briques rouges, contenant le cloître de los Jerónimos et une partie semi-souterraine qui assure la jonction avec le bâtiment historique. Le **Casón del Buen Retiro** a enfin rouvert ses portes et abrite la bibliothèque du musée. Il reste à découvrir le futur aménagement de l'édifice du Salón de Reinos (ancien musée de l'Armée, transféré à Tolède) qui appartient au Prado.
Les collections permanentes sont toujours présentées dans le bâtiment originel de Villanueva, tandis que les salles du nouveau bâtiment accueillent les expositions temporaires. Dans le grand hall semi-souterrain sont installées la boutique (système de reproduction numérique à la carte) et la cafétéria.
Conseil – Reportez-vous au plan, très bien fait, pour vérifier l'emplacement des différentes écoles.

Découverte du musée

L'ÉCOLE ESPAGNOLE (15e-18e s.)★★★

Elle mérite la visite à elle seule.

Peinture médiévale – Ne manquez pas la peinture murale romane du 12e s. (**église de la Vera Cruz de Maderuelo** et **ermitage de San Baudelio de Berlanga**) ni les retables des 14e et 15e s. (retable de *Saint Dominique de Silos* par **Bartolomé Bermejo**).
La Renaissance – Dans les œuvres de **Juan de Flandes** (**Crucifixion**, exceptionnelle), **Juan de Juanes** *(Retable de saint Stéphane)*, **Luis de Morales** *(Vierge à l'Enfant)*, **Yáñez de la Almedina** *(Santa Catalina)* et **Pedro Berruguete**, on peut voir des influences italiennes et flamandes et le soin du détail.
Le Siècle d'or – Cette période correspond plus ou moins au 16e s. Chronologiquement, on remarque les portraitistes royaux **Sánchez Coello** (1531-1588) et son élève **Pantoja de la Cruz** (1553-1608).
Parmi les peintres remarquables de cette époque, **Francisco Ribalta** (1565-1628) introduisit en Espagne la technique du clair-obscur, inspirée du Caravage *(Saint Bernard embrassant le Christ)* et **José de Ribera** (1591-1652) représenté par son œuvre maîtresse, le *Martyre de saint Philippe* – autrefois identifié comme celui de saint Barthelémy –, par *Le Rêve de Jacob* et par la *Madeleine pénitente* et du *Saint Pierre libéré par un ange*.
Francisco de Zurbarán (1598-1664) propose des compositions moins dramatiques, où le mysticisme transparaît grâce au jeu de la lumière. C'est le peintre des moines par excellence *(Saint Luc devant le Christ en croix* ou l'*Apparition de saint Pierre à saint Pierre de Nolasque* ou encore la *Vision de saint Pierre de Nolasque)*.
Bartolomé Esteban Murillo (1618-1682) traite les thèmes avec beaucoup de sensibilité, leur apportant une touche d'humanité *(Sainte Famille au petit oiseau, Le Bon Pasteur* ou *Saint Jean-Baptiste enfant)*.
Le Greco (1541-1614), totalement inclassable, occupe une place à part dans l'école espagnole. Son style est très original avec des personnages qui se déforment vers le haut, comme aspirés dans une quête de spiritualité. Les œuvres exposées vont de sa première époque espagnole *(La Trinité)*, à sa pleine maturité *(L'Adoration des bergers, La Pentecôte* ou *Saint Sébastien)*. On note également son célèbre *Chevalier à la main sur la poitrine* ou la saisissante *Annonciation*.
Vélasquez (1599-1660), considéré comme le plus grand génie de la peinture espagnole, est exceptionnellement bien représenté. Appelé à la cour de Philippe IV en 1623, ce Sévillan peint de nombreux **portraits** officiels. Parmi ses chefs-d'œuvre, remarquez *La Forge de Vulcain*, la saisissante **Crucifixion** ou **La Reddition de Breda**, où ressort l'originalité de la composition et de la distribution des personnages. C'est de cette époque que date son nouveau traitement de la lumière et sa fameuse « perspective aérienne ». Ses portraits y gagnent en naturel, comme par exemple le **Prince Balthazar Carlos en chasseur** (1635), ravissant portrait d'enfant, ou ses portraits équestres tel le *Prince Balthazar Carlos à cheval*, représenté sur fond de sierra. Il exécute aussi des portraits réalistes comme

Ésope ou ceux de ses modèles de prédilection, les bouffons et les nains. Son art culmine avec **Les Ménines** (1656), qui montre le peintre dans son atelier où l'infante Marguerite, accompagnée de ses ménines et de ses nains, le regarde travailler. Derrière, dans le miroir, on aperçoit le roi et la reine. Vélasquez fait une merveilleuse utilisation de la lumière et des couleurs. Dans **Les Fileuses** (1657), autre œuvre majeure, il fait coïncider la réalité et le mythe.

Parmi les artistes inspirés par le modèle de Vélasquez, on compte **Carreño de Miranda** ou **Alonso Cano**.

Goya (1746-1828), l'autre grande vedette du musée, cultive les paradoxes. Scènes d'une légèreté gracieuse, portraits révélateurs d'une fine psychologie ou compositions terriblement tragiques coexistent dans une œuvre prolifique. Commencez par les nombreux portraits de cour et de personnages célèbres *(Duc et duchesse de Osuna et leurs enfants,* **La Comtesse de Chinchón** ou *La Famille de Charles IV)*. Dans ce registre subtil, ne manquez pas les célèbres **Maja desnuda** (1797) et **Maja vestida**.

Nettement plus tragiques sont les toiles peintes en 1814, *Le 2 Mai* et **Les Fusillés du 3 mai**, évoquant le soulèvement du peuple contre l'occupant français les 2 et 3 mai 1808 et les représailles terribles de Murat. Goya stigmatise l'atroce violence de cette fusillade pour en faire un symbole de la cruauté aveugle de la guerre.

Encore plus sombres, témoignant d'un modernisme sidérant, les **peintures noires** (1820-1823) nous livrent une vision désespérée de l'existence *(Vieux en train de manger, Saturne mangeant son fils)*, avec des cadrages et des sujets novateurs, comme le dérangeant **Chien** *(Perro semi hundido)*.

Le contraste est total avec les thèmes populaires de ses quelque 40 cartons qui ont servi de modèles pour les tapisseries des palais royaux.

LES ÉCOLES DU NORD (15ᵉ-17ᵉ s.)★★★

Les relations étroites qu'entretenait l'Espagne avec les Pays-Bas (sous la dynastie des Habsbourg) expliquent l'importance et le nombre des peintures flamandes et hollandaises au Prado.

Les primitifs et la Renaissance – Parmi les œuvres majeures de la **peinture flamande**, on admire les œuvres de **Robert Campin**. Ne manquez surtout pas l´émouvante **Descente de croix** (1435) de **Rogier Van der Weyden**. Arrêtez-vous devant le triptyque de **Dierick Bouts**, *La Vie de la Vierge* (1445) et devant *La Source de la Grâce et le triomphe de l'Église* (1440) de **Jan Van Eyck**. Plus mélancolique est le traitement de *L'Adoration des Mages* (1470) dans un merveilleux triptyque de **Hans Memling**.

Surtout, ne manquez pas les œuvres de **Jérôme Bosch**, dit « El Bosco » (v. 1450-1516). Ses compositions étranges évoquent irrésistiblement les peintres surréalistes du 20ᵉ s. Le tableau le plus significatif est **Le Jardin des délices terrestres**, mais *La Charrette de foin* ou la table des *Sept Péchés capitaux* sont tout aussi fascinantes. Ne passez pas à côté de son disciple **Patinir** *(Le Passage du Styx)*, ni de l'exceptionnel **Triomphe**

« Les Ménines » de Vélasquez.

de la Mort de **Pieter Bruegel dit « l'Ancien ».**
L'**école allemande** est représentée par **Albrecht Dürer** (1471-1528) avec *Adam et Ève* et un *Autoportrait*. De **Lucas Cranach dit « l'Ancien »**, on note une *Vierge à l'Enfant, Saint Jean et les anges*. Admirez aussi *Les Trois Âges de la femme et la Mort* de **Hans Baldung**.
Chez les peintres flamands des 16e et 17e s. se détachent les peintures religieuses d'**Ambrosius Benson**, les portraits de la cour de Philippe II par le Hollandais **Antonio Moro** (16e s.) et les œuvres de **Bruegel le Jeune** (17e s.).
Le 17e siècle – Outre des Hollandais comme **David Teniers** et **Jan Bruegel dit « de Velours »**, on remarque **Antoon Van Dyck** et **Jacob Jordaens**.

La vedette de cette partie du musée est cependant **Rubens** (1577-1640), flamboyant représentant du style baroque (**Les Trois Grâces**, *L'Adoration des Rois mages*, portraits d'*Anne d'Autriche* ou *Marie de Médicis*).
De **Rembrandt**, on retient un *Autoportrait* et **Artémise** (1634).
L'ÉCOLE ITALIENNE (15e-17e s.)★★
La Renaissance – La très belle **Annonciation** (1425-1428) de **Fra Angelico**, est encore teintée de gothique. Notez la finesse de la série des scènes de *L'Histoire de Nastagio degli Onesti* de **Sandro Botticelli**.
Avec *La Dormition de la Vierge*, **Andrea Mantegna** aborde la fascination pour la perspective. On peut aussi apprécier le *Christ mort soutenu par un ange* d'**Antonello da Messina** et les peintures d'**Andrea del Sarto** et du **Correggio**.
Raphaël est toutefois le peintre de la Renaissance le mieux représenté (**Le Cardinal**, *Sainte Famille, La Visitation*).
L'école vénitienne – La collection est remarquable. Ici, c'est le triomphe de la couleur et du luxe. **Titien** peint de façon inimitable les thèmes mythologiques (*Danaé recevant la pluie d'or* ou **Vénus et la Musique**). Du **Tintoret** ne manquez pas *Le Lavement des pieds*. **Véronèse** peint de belles compositions.
À la mode deux siècles plus tard, le **Tiepolo** travailla pour le palais de Charles III. Le Prado expose une série de ses grands tableaux.
L'ÉCOLE FRANÇAISE (17e-18e s.)★
La peinture française est l'une des moins bien servies, mais on admirera les paysages de **Nicolas Poussin** (17e s.), les jeux de lumière chez le **Lorrain** (17e s.), le travail de la lumière chez **Georges de La Tour** (*Aveugle jouant de la vielle*) ou la légèreté d'un **Antoine Watteau** (18e s.).

Église Los Jerónimos

F5.
Il ne reste de cet ancien couvent royal, fondé en 1464, que l'église qui domine le musée du Prado à l'est. En 1630, quand le roi Philippe IV décida de construire le palais du Buen Retiro, il choisit le site voisin du monastère et l'église servit aux cérémonies royales. En 1854, l'église fut entièrement restaurée dans le style néogothique flamboyant. Le **cloître des Jerónimos** constitue désormais le cœur de la nouvelle extension du Prado : entièrement démonté, il a été reconstruit pierre par pierre.

Casón del Buen Retiro

(Bibliothèque du Prado)

F5.

C/ Alfonso XII 28 - lun.-jeu. 9h-17h, vend. 9h-14h30 ; mi-juin-mi-sept. : 9h-14h30 - gratuit sur présentation de la carte d'identité.

Cet élégant pavillon est l'une des seules parties encore debout de l'ancien palais du Buen Retiro (*p. 78*), construit en 1637 sur ordre de Philippe IV. Il abrite aujourd'hui la bibliothèque du Prado. On peut entrer pour admirer le grand salon central, **ancienne salle de bal** du palais, dont le **plafond★** est orné d'une magnifique fresque de Luca Giordano et dont les murs sont garnis de tableaux aux sujets historiques.

Salón de Reinos

F5.

C/ Méndez Núñez 1.

Bien que résidence secondaire du roi, le palais du Buen Retiro possédait la splendeur d'un palais principal.

Le Salón de Reinos, qui abritait jusqu'en 2007 le **musée de l'Armée**, était une salle destinée à accueillir les réceptions officielles et les grandes cérémonies protocolaires. Avec le **Casón del Buen Retiro**, c'est tout ce qui reste aujourd'hui de l'ancien palais.

Jardin botanique royal

E-F6.

Plaza de Murillo 2 - Ⓜ Atocha (l. 1) - www.rjb.csic.es - nov.-fév. : 10h-18h (mars et oct. : 19h ; avr. et sept. : 20h ; mai-août : 21h) - dernière entrée 30mn avant la fermeture - fermé les 25 déc. et 1er janv. - 3 € (-10 ans gratuit).

Ce jardin, inauguré en 1781, fut lui aussi réalisé par Juan de Villanueva, l'architecte du musée, à la demande de Charles III. L'objectif était de faire connaître les variétés de plantes venues de toutes les colonies espagnoles. Ses arbres offrent une fraîcheur bienvenue. Les **serres** présentent une sélection de plantes du désert et des forêts équatoriales.

CaixaForum

E6.

Paseo del Prado 36 - ✆ 91 330 73 00 - www.obrasocial.lacaixa.es -10h-20h (18h 24 et 31 déc.) - fermé les 25 déc., 1er et 6 janv. - entrée libre, exposition : 4 €.

En face du jardin botanique, se trouve ce centre culturel. Installé dans une ancienne centrale électrique fort bien réaménagée par les architectes **Jacques Herzog** et **Pierre Meuron** (prix Pritzer d'architecture), CaixaForum organise de belles expositions temporaires. Ne manquez pas le singulier escalier (*voir p. 67*) et jetez un coup d'œil au café (dernier étage) et à la boutique.

À l'extérieur, ne manquez pas le **Jardin vertical** du Français Patrick Blanc.

Musée Thyssen-Bornemisza★★★

E5. *Comptez 2 à 3h.*

Paseo del Prado 8 - ✆ 902 760 511 - www.museothyssen.org - mar.-dim. 10h-19h, lun. 12h-16h - fermé 1er janv., 1er Mai et 25 déc. - 10 € (billet combiné

Paseo del Arte 25,60 €) ; gratuit lun. - plan et audioguide (4 €) en français.

Histoire

Ce musée est l'un des plus beaux d'Europe, reposant sur l'une des plus importantes collections privées du monde. Devenu une étape incontournable à Madrid, il complète à la perfection la visite du Prado voisin.
Le palais de Villahermosa est un petit palais néoclassique aménagé par l'architecte Rafael Moneo pour accueillir la remarquable collection achetée par l'État espagnol au **baron Hans Heinrich Thyssen-Bornemisza**.
Le musée illustre les grandes écoles de peinture de la fin du 12e s. à nos jours. Ses points forts sont la peinture de la Renaissance italienne, la peinture hollandaise, nord-américaine et expressionniste allemande et la très large sélection d'impressionnistes et post-impressionnistes.
Les œuvres sont présentées chronologiquement sur trois niveaux, les peintures les plus anciennes se trouvant à l'étage le plus élevé.
La collection d'art rassemblée par la baronne Carmen Thyssen-Bornemisza depuis 1980 s'expose dans une aile contemporaine qui communique avec les salles du bâtiment principal.

Découverte du musée

DEUXIÈME ÉTAGE

Primitifs et Renaissance★★★ – La salle 1 ouvre sur les primitifs italiens, avec, parmi les œuvres exposées, *Le Christ et la Samaritaine* (1310-1311) où **Duccio di Buoninsegna** manifeste un réalisme qui annonce la Renaissance.
Les salles 2 et 3 présentent la peinture gothique allemande et les primitifs flamands ; notez le diptyque de *L'Annonciation* (1435-1441) de **Van Eyck** ou la petite **Vierge à l'arbre sec** (1450) de **Petrus Christus**.
La **salle 5** rassemble de magnifiques portraits de la première Renaissance. Si le plus célèbre est celui de **Giovanna Tornabuoni** de **Ghirlandaio**, il ne faut pas négliger le *Portrait d'un homme jeune priant* de **Hans Memling**, le *Portrait d'un homme robuste* de **Robert Campin**, *Henri VIII d'Angleterre* de **Hans Holbein le Jeune** et le délicat *Portrait d'une infante* (supposée être Catherine d'Aragon) de **Juan de Flandres**.
La salle 6 (galerie) compte d'autres portraits de la Renaissance, tel le **Portrait de jeune garçon** de **Raphaël** ou le *Portrait de femme avec un chien* de **Véronèse**.
Les salles 7 à 11 illustrent les écoles du 16e s., avec notamment *(s. 7)* le **Jeune Chevalier dans un paysage** de **Vittore Carpaccio** : le personnage se détache sur un fond plein de symbolisme. Du **Titien**, on note le *Portrait du doge Francesco Vernier*, aux couleurs sombres mais pleines de nuances. Dans la salle 8, *Jésus parmi les docteurs* de **Dürer** témoigne d'une composition et d'un traitement des personnages surprenants pour l'époque (1506). Dans la salle 9, on peut voir un remarquable ensemble de portraits de l'école allemande du 16e s. (*Nymphe de la source* de **Lucas Cranach l'Ancien**, *Portrait d'une dame* de **Hans Baldung Grien**). Dans la salle 10 se trouvent le *Repos pendant la fuite en Égypte* de

Barques sur l'Estanque dans le parc du Buen Retiro.

Patinir et dans la salle 11, le *Saint Jérôme au désert* (1575) du **Titien** ainsi que quatre grands tableaux du **Greco** *(Annonciation)*.

17e et 18e siècles★★ – La salle 12 aborde les débuts du baroque, avec une *Sainte Catherine d'Alexandrie* (1567), splendide œuvre de jeunesse du **Caravaggio**, figure de proue du ténébrisme. Dans le même esprit, la *Pietà* (1633) de **Ribera** traduit avec une grande délicatesse la douleur de la Vierge.

Les salles 13 à 15 sont consacrées plus généralement au 17e s., autour d'œuvres comme *La Fuite en Égypte* du **Lorrain**, la très belle *Sainte Casilde* (1640-1645) de **Zurbarán** ou la *Vierge à l'Enfant et sainte Rosalie de Palerme* (1670) de **Murillo**.

Les salles 16 à 18, dédiées à la peinture italienne du 18e s., présentent les vues de Venise par **Canaletto** et **Guardi**.

Dans les dernières salles sont exposées des œuvres flamandes et hollandaises du 17e s. Dans la salle 19 se trouvent le magnifique *Portrait de Jacques Le Roy* de **Van Dyck**, celui de *Antonia Canis* de **De Vos** et deux très beaux portraits de **Rubens** : *Vénus et Cupidon* et *Portrait d'une jeune dame au chapelet*.

La salle 20 présente *Esaü vendant son droit d'aînesse* de **Hendrick Ter Brugghen** et *Le Repas d'Emmaüs* de **Matthias Stom**. Dans la salle 21, on peut admirer de **Gerard Ter Borch** le *Jeune Homme lisant un document*, exemple de portrait dans un cadre quotidien.

PREMIER ÉTAGE

17e et 18e siècles★★ – Les premières salles *(22-26)*, occupées par la **peinture hollandaise** du 17e s., présentent des scènes de la vie quotidienne et des paysages. *Famille devant un paysage* de **Frans Hals** est un excellent exemple de portrait collectif. Suivent une série de paysages *(s. 24 et 26)* et des natures mortes *(s. 27)*.

Les peintures anglaise et française du 18e s. *(s. 28)* sont illustrées par quelques intéressants portraits (*Sara Buxton* de **Thomas Gainsborough**, *La Bascule* de **Jean-Honoré Fragonard**).

Peinture nord-américaine du 19e s.★★★ – Parmis les toiles de ce courant, méconnu en Europe *(s. 29 et 30)*, remarquez celles des paysagistes romantiques **Cole**, **Church** et **Bierstadt** et du réaliste **Homer**.

Peinture européenne du 19e s.★★ – Du romantisme et réalisme, les toiles les plus intéressantes sont *L'Écluse* de **John Constable**, *Le Ruisseau* de **Gustave Courbet**, *Matin de Pâques* de **Caspar David Friedrich** et les trois tableaux de **Goya** de la collection.

Impressionnisme, post-impressionnisme et Fauves★★★ – On peut y admirer *(s. 32 et 33)* les grands maîtres de ces mouvements : **Monet**, **Manet**, **Renoir**, **Sisley**, **Pissarro**, **Toulouse-Lautrec**...

Le pastel d'**Edgar Degas**, *Chez la couturière*, est l'un de ses chefs-d'œuvre, de même que La **Danseuse verte**.

On s'attardera également sur **Les Vessenots à Auvers** de **Vincent Van Gogh**, paysage peint à la fin de sa vie, ou l'inhabituelle atmosphère des *Déchargeurs en Arles* ; **Mata Mua** de **Paul Gauguin** appartient à la période polynésienne de l'artiste. Le *Portrait* *d'un paysan* de **Paul Cézanne**, par son utilisation très particulière de la couleur pour construire des volumes, ouvre la voie au cubisme. Les **Fauves** sont exposés dans la salle 34.

Expressionnisme★★★ – Ce mouvement *(s. 35 à 40)*, l'un des mieux représentés du musée, accorde la primauté à la vision subjective de l'artiste et à la domination de la couleur sur le dessin. Les œuvres présentées illustrent les différents foyers de l'expressionnisme allemand et autrichien, au travers d'artistes tels **Kokoschka**, **Kirchner**, **Macke**, ou **Beckmann**. Deux œuvres majeures de **Grosz** sont exposées : **Metropolis** et *Scène de rue*.

REZ-DE-CHAUSSÉE

Les avant-gardes européennes★★ – Les premières salles *(41-44)* illustrent les mouvements d'avant-garde européens de 1907 à 1924. La salle 41 présente notamment des toiles cubistes de **Picasso** (*L'Homme à la clarinette*, 1911-1912), de **Georges Braque** *(Femme à la mandoline)* et de **Juan Gris**. Dans la salle 43, *Proun 1 C* d'**El Lissitzky** et *New York City, New York* (1940-1942) de **Mondrian** retiendront l'attention. Salle 44, notez **Le Psychiatre** (1919) de **Kurt Schwitters**.

Dans la salle 45, on remarque, parmi les œuvres européennes postérieures à la Première Guerre mondiale, deux **Chagall**, l'*Arlequin au miroir* (1923) et *Corrida de taureaux* (1934) de **Picasso**, *Paysan catalan à la guitare* de **Joan Miró**, ainsi que *Peinture avec trois taches*, œuvre abstraite de **Kandinsky**.

Dans la salle suivante occupée essentiellement par la peinture américaine, on peut noter *Marron et Argent I* de **Jackson Pollock** et *Vert sur mauve* de **Mark Rothko**, deux exemples de l'expressionnisme abstrait américain, mais aussi **Homme rouge avec moustache** de **Willem de Kooning**.

Surréalisme et pop art – Les deux dernières salles *(47 et 48)* rassemblent des œuvres surréalistes, figuratives ainsi que des œuvres du pop art. À voir en particulier, la *Clef des champs* du surréaliste **Magritte**, **Chambre d'hôtel** du réaliste **Edward Hopper**, *Portrait de George Dyer dans un miroir* de **Bacon**, *Reflet avec deux enfants (autoportrait)*, (1965), de **Lucian Freud**, **Express** de **Rauschenberg** et *Femme dans la salle de bains* de **Lichtenstein**. Notez aussi le photoréalisme des trois grandes toiles de **Richard Estes**.

COLLECTION CARMEN THYSSEN-BORNEMISZA★★★

Installée sur les deux étages de l'aile contemporaine, cette collection suit aussi l'ordre chronologique en commençant par le 2e étage qui présente des toiles des écoles hollandaise et italienne du **17e s.** et du **18e s.**; les **peintres nord-américains**, tels que Bierstadt, Birch, Carr, Heade ou Winslow ; le naturaliste Courbet, le paysagiste Boudin et les premiers **impressionnistes**, comptant des œuvres de Monet, Sisley, Pissaro et Degas. Le 1er étage, avec de magnifiques exemples se consacre surtout aux **post-impressionnistes** (Bonnard, Vuillard, Émile Bernard, Sérusier, Gauguin, Signac) et aux **expressionnistes allemands** (Kandinsky, Max Pechstein, Kirchner…).

Le **fauvisme** est représenté par des œuvres de Henri Manguin, Raoul Dufy, Maurice de Vlaminck. La visite s'achève par une sélection des premières **avant-gardes du 20e s.**

Puerta de Alcalá★

F5.
À l'entrée nord-ouest du parc du Buen Retiro, la **Puerta de Alcalá** fut construite en 1778 par Sabatini. Commémorant l'entrée de Charles III dans Madrid, cet arc de triomphe classique marque l'une des plus belles perspectives de la capitale, sur la plaza de la Cibeles, la Gran Vía et la calle de Alcalá.

Musée des Arts décoratifs★

(Museo de Artes Decorativas)
F5. *Comptez 1h.*
C/ de Montalbán 12 - ✆ 91 532 64 99 - mnartesdecorativas.mcu.es - mar.-sam. 9h30-15h (jeu. apr.-midi 17h-20h), dim. et j. fériés 10h-15h - fermé lun., 1er et 6 janv., 1er Mai, 24, 25 et 31 déc. - 3 € (gratuit dim., jeu. apr.-midi, 18 avr., 18 mai, 12 oct. et 6 déc.).
Installé dans un palais du 19e s., il possède une intéressante collection de meubles et d'objets décoratifs (porcelaines, lustres, horloges, tapis…). Au fil de la visite, on découvre de magnifiques tapisseries mudéjares (15e s.), des *bargueños* (secrétaires) castillans, de belles séries de faïences traditionnelles (15e-18e s.), des pièces de l'avant-garde européenne (1880-1940) mais aussi une magnifique crèche de style napolitain du 18e s. Plusieurs cadres de vie ont également été reconstitués, tels qu'une chapelle au plafond mudéjar et aux murs tendus de **guardamecíes** (cuir peint), ou une cuisine valencienne du 17e s. entièrement recouverte de carreaux de faïence.

Parc du Buen Retiro★★

F-G5-6.
Cet immense parc, ancien jardin du palais royal du même nom, est l'un des lieux préférés des Madrilènes. Il suffit de s'y rendre le w.-end pour comprendre que tout le monde se retrouve ici, en famille, à la terrasse d'un kiosque, pique-niquant sur les pelouses, draguant les filles, pratiquant le jogging rituel, ramant sur le lac…

Autour de l'Estanque

Le plus grand des deux étangs est dominé par les colonnades du **monument Alphonse XII**. Le week-end, l'esplanade autour de la statue résonne du son des djembés, tandis que les barques à rames sont prises d'assaut.

Palais de Cristal★

Érigé en 1887 par l'architecte historiciste **Ricardo Velázquez**, ce ravissant pavillon en verre, planté au bord d'un petit étang, servit de serre pour une exposition coloniale. Les *azulejos* sont du peintre basque Zuloaga, de même que ceux du **palais Vélasquez** (1883), construit pour une autre exposition. Le palais de Cristal dépend du musée Reina Sofía et accueille des expositions temporaires.

Le palais de Cristal.

Gran Vía - Malasaña - Chueca★

Impossible de prétendre connaître Madrid sans goûter au moins une fois à sa vie nocturne. Dès la nuit tombée, plazas et ruelles de Malasaña et de Chueca s'emplissent d'une foule bruyante et bigarrée qui amorce le trépidant voyage nocturne de bar à tapas en bar à cocktails, de taverne traditionnelle en club branché. Le jour, Malasaña retrouve ses airs de village tranquille où les mamies discutent d'un balcon à l'autre en arrosant leurs géraniums. À deux pas, Chueca s'éveille tout aussi paisiblement, entre boutiques fashion et restaurants à la mode. Quant à la Gran Vía, qui ne semble jamais dormir, elle continue de vibrer sous le regard imperturbable de ses grands immeubles aux allures de pâtisseries kitsch.

➔**Accès :** Ⓜ Gran Vía, Callao, Plaza de España, Chueca, Tribunal, Bilbao, Noviciado et San Bernardo. Bus - Les lignes 1, 2, 74 et 202 desservent toutes la Gran Vía. La ligne 147 part de la plaza Callao et remonte la calle San Bernardo jusqu'à la Glorieta de Bilbao. La ligne 149 part de la Gran Vía, dessert la calle Hortaleza, une partie du quartier de Chueca et redescend sur la calle Fuencarral. **Plan détachable dans la couverture.**
➔**Conseils :** L'ambiance bat son plein en fin de semaine, mais ne venez pas trop tôt. Pour dormir dans ces quartiers, prévoyez des boules Quiès !

Gran Vía★

D4-E5. *Comptez 1h.*
Ⓜ *Gran Vía, Callao, Banco de España ou Plaza de España (l. 1, 2, 3, 4, 5 et 10) - bus 1, 2, 74, 147, 149 et 202.*
Si vous arrivez en taxi depuis l'aéroport, il y a de grandes chances pour que vous empruntiez cette avenue imposante et spectaculaire, que l'on aborde après avoir franchi la Puerta de Alcalá et la **plaza de Cibeles★**. Véritable épine dorsale de la capitale, la Gran Vía (Grande Voie), qui a fêté son centenaire en 2010, traverse le centre de Madrid d'est en ouest, prenant naissance à la calle de Alcalá et conduisant à la plaza de España. Bordée d'immeubles aux architectures aussi exubérantes qu'improbables, la Gran Vía est légendaire pour ses embouteillages, son animation, ses trottoirs bondés et son niveau sonore. Il n'est même pas rare d'y rester coincé dans un bouchon tard la nuit, quand les Madrilènes rentrent chez eux après le spectacle et un dernier verre !
Imaginé dès la fin du 19e s., ce projet de grande envergure visait à doter Madrid d'une **artère centrale** reliant les nouveaux quartiers périphériques au centre historique.
La Gran Vía telle que le visiteur du 21e s. la découvre est un métissage

décomplexé des genres et une ambiance cosmopolite, qui sert d'écrin à une succession de grandes enseignes, de bureaux, de cinémas et de théâtres.

Le Metrópolis

(Edificio Metrópolis)

E5.

Angle Gran Vía et calle de Alcalá.

Marquant le début de la Gran Vía, cet immeuble fut achevé en 1910. Édifié par les **architectes français** Jules et Raymond Février, il fut l'une des premières constructions de la capitale à utiliser le béton armé. La **statue ailée de la Victoire** (4 m de haut) qui coiffe la coupole ne date que de 1975 et remplace le groupe de sculptures initiales.

Le Grassy

(Edificio Grassy)

E5.

Gran Vía 1 et 3.

Voici un parfait exemple d'éclectisme architectural. Arcades, balcons et colonnes se conjuguent pour éclore en une double rotonde, dont on ne sait si elle ressemble à un temple antique ou à une gloriette romantique... L'édifice fut construit entre 1916 et 1917 pour l'horloger français Alexandre Grassy.

Oratorio del Caballero de Gracia

(Oratoire du Chevalier de Grâce)

E5. *Gran Vía 17B, façade principale C/ Caballero de Gracia, 5 - ✆ 91 532 69 37 - www.caballerodegracia.org - 10h-13h45, 17h-20h45.*

Une fois de plus, la Gran Vía nous surprend : la façade de l'immeuble, transformée en immense arc de triomphe, entoure l'abside de cet Oratoire, œuvre de **Juan de Villanueva**, l'architecte du musée du Prado. La petite église est un bijou néoclassique avec ses grandes colonnes de granit aux chapiteaux corinthiens et sa voûte à caissons.

Immeuble de la Telefónica

(Edificio Telefónica)

D5.

Gran Vía 28, entrée par C/ Fuencarral 3 - ✆ 91 580 87 00 - espacio.fundaciontelefonica.com - mar.-dim. 10h-20h - fermé 1er et 6 janv. et 25 déc. - entrée gratuite.

Avec ses 88 m de haut, voici le premier gratte-ciel de Madrid, construit entre 1925 et 1929 ; il resta le plus haut de la ville jusqu'à 1953. Conçu par l'Américain Louis Weeks assisté de l'architecte Ignacio de Cárdenas, pour le compte de la compagnie téléphonique nationale, il est reconnaissable à son horloge illuminée de rouge la nuit. On devine une inspiration américaine digne de l'école de Chicago. Il présente une façade au style discrètement baroque. Il abrite aujourd'hui l'**Espacio de la fondation Telefónica**, qui organise d'intéressantes expositions sur l'art et la science. À l'intérieur, remarquez le magnifique **escalier**, œuvre de Belén Moneo. Au 2e étage, une exposition permanente est dédiée à l'histoire des communications ; les 3e et 4e étages accueillent des expos temporaires.

Autour de la plaza del Callao

D4.
Au luxe bourgeois du premier tronçon succède une zone plus populaire, où fleurirent les premiers **théâtres**, music-halls et centres commerciaux avec leurs enseignes lumineuses. Les théâtres de l'époque abritent aujourd'hui des **cinémas**.
Parmi les immeubles d'intérêt, notez le **Palacio de la Prensa** *(Plaza del Callao 4)* qui fut le premier édifice en brique (1924-1928) de la Gran Vía. D'allure très classique, il abritait les bureaux de l'Asociación de la Prensa de Madrid.
En face, l'immeuble **Carrión** (plus connu sous le nom de **Capitol**) est l'un des plus représentatifs du nouveau style avant-gardiste qu'adopta la capitale *(au niveau de Gran Vía 41)*. Son profil arrondi, ses niveaux décalés et son style moderne accentuaient l'impression de hauteur.
Aux numéros 35 et 78, se trouvent le **Palacio de la Música** et le **Coliseum** tous deux transformés en cinémas.
En continuant le long de la Gran Vía, on découvre le **troisième tronçon** qui s'étend de la plaza del Callao à la plaza de España. L'architecture devient plus homogène : les architectes des années 1930 et 1940 subirent l'influence du **rationalisme** et du **fonctionnalisme** privilégiés par l'école de Chicago ou le Bauhaus.

Plaza de España

C4.
La Gran Vía s'achève sur cette vaste esplanade plantée d'arbres qui assure la jonction avec le quartier étudiant d'Argüelles.
Au centre, s'élève le **monument à Cervantès** (1930) présidé par la statue du grand écrivain.
Au nord-est de la place, se dresse la masse énorme de l'**immeuble España**. Construit dans un mélange de béton et de brique par les frères **Otamendi** entre 1947 et 1953, il fit figure de révolution, avec ses 117 m de haut, ses 25 étages et ses 30 ascenseurs.
Autre édifice emblématique de la période, la **tour Madrid** (1957) fut la plus haute d'Europe (142 m) jusqu'en 1967. Conçue par les mêmes architectes, elle est beaucoup plus sobre.
Dans un tout autre genre, notez la **Casa Gallardo** *(angle sud-ouest, entrée C/ de Ferraz 2)*, l'un des rares exemples madrilènes d'Art nouveau (1911-1914).

Malasaña★

Comptez 1h30 à 2h.
Ce quartier populaire et attachant s'étend au nord de la Gran Vía. Depuis quelques années, il est investi par une population jeune et cosmopolite, ce qui ne lui a pas fait perdre son caractère. Ruelles en pente, fenêtres à balcons, immeubles aux façades colorées qu'égayent les géraniums.

L'emblématique façade ornée de l'immeuble Metropolis.

METROPOLIS

Selon l'heure de votre promenade, vous savourerez deux ambiances totalement différentes. Le soir, suivant l'exemple des Madrilènes, vous entamerez la **marcha**, cette flânerie festive de bar en bar, au gré des tapas dans une ambiance bruyante et conviviale. En revanche, à l'heure de la sieste ou un dimanche matin, vous déambulerez sans but dans des rues calmes, rythmées par les fresques naïves qui décorent les rideaux baissés des échoppes.
Empruntez la **calle Manuela Malasaña**, pleine de petits restaurants, bars et boutiques, et après, l'une des ruelles perpendiculaires qui en descendent (San Andrés, Ruiz, Monteleón), pour aller à la **plaza Dos de Mayo**, véritable cœur du quartier. Cette agréable place bordée de terrasses de cafés, occupée le jour par les jeux des enfants, est l'un des rendez-vous nocturnes préférés des *botellones* de fin de semaine. Les deux statues centrales (Pedro Velarde et Luis Daoíz) sont celles de deux héros du **2 mai 1808**, jour de l'insurrection des Madrilènes contre les troupes napoléoniennes.
Dans les ruelles des alentours, on peut voir certaines boutiques qui ont conservé leurs **céramiques murales** publicitaires des années 1920, comme l'ancienne **pharmacie Juanse** qui fait l'angle des calles Vincente Ferrer et San Andrés, ou encore l'ancien vendeur d'œufs de l'échoppe voisine. De même, jetez un œil dans les arrière-cours des calles de la Puebla, de la Madera, del Pez, ou Corredera de San Pablo qui comptent encore quelques **petits ateliers** de forgerons, menuisiers ou cordonniers.

Iglesia San Antonio de los Alemanes★

(Église Saint-Antoine des Allemands)
D4.
C/ Puebla 22 - Ⓜ Callao - ✆ 91 522 37 74 - lun.-sam. 10h30-14h - 2 €.
Négligée par les touristes, cette église construite entre 1624 et 1631 est pourtant un pur bijou baroque. L'intérêt principal de la visite réside toutefois à **l'intérieur**, dont la richesse théâtrale contraste avec la sobriété extérieure. La première originalité tient à la **nef ovale**. La seconde vient des murs et de la coupole entièrement décorés de **fresques★★** à la gloire de saint Antoine, réalisées par Francisco Carreño et Francisco Ricci.

Centre culturel Conde Duque

D3.
C/ Conde Duque 9-11 - Ⓜ San Bernardo - ✆ 91 480 04 01 (expo), 91 548 73 26 (autres activités) - www.condeduquemadrid.es - mar.-sam. 10h-14h, 17h30-21h, dim. et j. fériés 10h30-14h - entrée libre.
Cette imposante caserne militaire (228 m de façade, 25 000 m^2), construite en 1717 par Philippe V, est l'œuvre de l'architecte Pedro de Ribera, dans le **style baroque churrigueresque**. Transformée en 1960 en centre culturel, elle abrite aujourd'hui un auditorium, des salles d'expositions temporaires, les archives de la ville, l'hémérothèque municipale, trois bibliothèques, une vidéothèque et un musée d'Art contemporain.

Cet endroit est très apprécié durant les **Veranos de la Villa**, où ont lieu des concerts et des spectacles en plein air d'excellente qualité (juil.-août).

Musée municipal d'Art contemporain

(Museo Municipal de Arte Contemporáneo)

D3.

C/ Conde Duque 9 - ✆ 91 588 59 28 - www.condeduquemadrid.es - fermé actuellement.

Le musée rassemble une collection d'env. 200 œuvres d'artistes madrilènes et espagnols. On remarque l'**école de Madrid** (Benjamín Palencia, Alberto Sánchez, Francisco Arias, Gregorio del Olmo), les **avant-gardistes historiques** (Francisco Bores, José Caballero, Daniel Vázquez Díaz), les **réalistes**, les **abstraits** (Lucio Muñoz, Manuel Rivera, Fernando Zóbel), le paysagiste Juan Manuel Díaz-Caneja, les **nouveaux figuratifs** (Eduardo Arroyo, Juan Genovés, Carlos Alcolea…), et la **photographie** est aussi représentée (Ouka Lele)…

Musée ABC

D3.

C/ Amaniel 29-31 - Ⓜ Noviciado - ✆ 917 588 379 - www.museoabc.es - mar.-sam. 11h-20h , dim. 10h-14h - entrée libre.

Ce petit musée qui se distingue par son étonnante façade blanche est dédié à l'art graphique contemporain (dessins et illustrations). Expositions temporaires de qualité, librairie thématique et agréable cafétéria aux allures design.

Plaza de las Comendadoras

(Place des Commandants)

D3.

Particulièrement agréable aux beaux jours, lorsque les bars envahissent les terrasses, elle doit son nom au **couvent de las Comendadoras**, un bel exemple du style baroque madrilène.

Chueca★

D3. *Comptez 1h30.*

À l'est de Malasaña, Chueca est l'autre quartier emblématique de la nuit madrilène. C'est le fief de la communauté gay, avec son cortège de boutiques à la mode, de restaurants intimes et de bars *hype*. Chaque année, la Gay Pride madrilène y rassemble plus d'un million de visiteurs en une fête digne des nuits de la *movida*.

C'est en flânant sans but que l'on en goûte le mieux l'atmosphère. Commencez par la **calle de Fuencarral**, en grand partie piétonne, c'est l'une des rues commerçantes les plus vibrantes de Madrid, avec ses boutiques de mode à destination d'une clientèle jeune et dans le vent. Après un détour par la **calle Hortaleza**, autre rue animée, empruntez la **calle Augusto Figueroa**, paradis de la chaussure qui accueille aussi le marché moderne de San Antón, et las **calles Gravina et Almirante**, où se concentrent les jeunes stylistes.

La **plaza de Chueca** est une petite place qui ne désemplit jamais. Aux beaux jours, elle se meuble de tables et de chaises. Toute l'année, les soirs de fin de semaine, elle est assiégée par une faune bruyante et bigarrée.

Musée d'histoire

(Museo de Historia)

D3.

C/ Fuencarral 78 - ✆ 91 701 18 63 - fermé par travaux, réouverture prévue fin 2014. Pendant les travaux, petite exposition au sous-sol - tlj sf lun. 9h30-20h - fermé 1er janv., 1er Mai et 25 déc - gratuit.

L'exubérant **portail baroque churrigueresque★★** de Pedro de Ribera marque l'entrée de l'ancien hospice de Madrid (17e s.), consacré désormais à l'histoire de la capitale. Les collections de ce musée (gravures, dessins, porcelaines de la Manufacture royale du Buen Retiro, éventails…) retracent l'histoire de la ville, en insistant sur les périodes des Habsbourg et des Bourbons. Pendant les travaux de réaménagement du musée, l'impressionnante **maquette de Madrid en 1830★** reste visible au sous-sol : vous pouvez essayer de reconnaître le palais royal, la plaza Mayor, le Musée du Prado, le Reina Sofía (ancien hôpital) ou la basilique San Francisco el Grande. Vous verrez aussi le plan de Madrid de Pedro Texeira, datant de 1656, et d'autres plans de la ville du 18e et du 19e s.

Musée du Romantisme

(Museo del Romanticismo)

E3.

C/ San Mateo 13 - ✆ 91 448 10 45 - museoromanticismo.mcu.es - mai-oct. : mar.-sam. 9h30-20h30 (nov.-avr. : 18h30), dim. et j. fériés 10h-15h - 3 € (gratuit sam. à partir de 14h et dim.) - petit guide en français à disposition (à rendre à la sortie).

Installé dans un palais typiquement madrilène, ce musée propose une visite vraiment agréable. En parcourant les différentes pièces de cette maison-musée on peut se faire une idée de la vie quotidienne de la riche société madrilène de la période du **Romantisme** (1833-1868). Les différents salons, les plus représentatifs (le salon de danse) et les plus intimes (boudoir, fumoir…), les chambres, la salle à manger, l'oratoire… composent le magnifique cadre où sont présentées les collections de meubles, de jouets, de peintures et d'objets d'art du musée. Avant de sortir, ne manquez pas le **Café del Jardín** et son petit jardin ombragé, idéal pour une pause, surtout par beau temps, où l'on profite secrètement de ce joyau (*Nos adresses p. 30*).

Société des Auteurs

(Sociedad de Autores)

E4.

C/ Fernando VI 4 (angle C/ Pelayo) - Ⓜ Alonso Martinez - ne se visite pas.

Construit en 1903 pour un banquier, le **palacio Longoria** est l'un des rares bâtiments **Art nouveau** de la capitale, doté de façades exubérantes. Il est l'œuvre de **José Grases Riera** (il conçut le monument d'Alphonse XII, au Retiro), inspiré par Hector Guimard et les motifs floraux de l'Art nouveau français.

La plaza de Chueca s'anime à la tombée de la nuit.

Cruzcampo
ANGEL SIERRA
ANTIGUA CASA
ANGEL SIERRA

Autour de la gare d'Atocha

Devenue tristement célèbre lors des attentats du 11 mars 2004, l'immense gare d'Atocha est un chef-d'œuvre de l'architecture urbaine de la fin du 19e s. qui sert de plaque tournante à un quartier disparate, mangé par la circulation incessante des voitures et des bus. C'est pourtant là, au bout du paseo del Prado, que l'on trouve le troisième musée incontournable de Madrid, entièrement dédié à l'art moderne et contemporain, principalement espagnol. Ce fait justifie à lui seul un détour.

→**Accès :** Ⓜ Atocha et Delicias pour le musée du Chemin de fer. Les lignes de bus 6, 24, 27, 34, 54, 57, 102, 141, N 11 et N 15 vous déposent devant la gare d'Atocha ou le musée Reina Sofía. **Plan détachable dans la couverture.**

→**Conseil :** Si vous n'avez que peu de temps, ne visitez que le musée Reina Sofía et jetez un coup d'œil à l'intérieur de la gare d'Atocha.

Gare d'Atocha

F7.

Plaza del Emperador Carlos V.

Réalisée entre 1888 et 1892, elle est considérée comme un chef-d'œuvre d'architecture ferroviaire du 19e s. De 1985 à 1992, la gare subit d'énormes transformations, confiées à l'architecte **Rafael Moneo**. Un nouveau terminal fut alors ajouté et l'ancienne gare du 19e s. fut astucieusement transformée en serre pour accueillir un spectaculaire **jardin tropical** bordé de cafés et d'un restaurant gastronomique.

Mémorial des attentats de 2004

F7.

Le matin du 11 mars 2004, trois jours avant les élections, entre 7h37 et 7h38, **dix bombes** explosèrent dans des trains de banlieue à destination d'Atocha. Trois touchèrent directement la gare. Perpétrés par des terroristes liés à Al-Qaida, ces attentats firent 191 morts et plus de 2 000 blessés. Un mémorial translucide de 11 m de haut a été dressé en 2007 face à la sortie de la gare, sur l'avenida de la Ciudad de Barcelona. Il contient les milliers de messages de condoléances déposés à la gare.

Musée d'Anthropologie

(Museo Nacional de Antropología)

F7. *Comptez 30mn.*

C/ Alfonso XII 68 - ✆ 91 530 64 18 - mnantropologia.mcu.es - tlj sf lun. 9h30-20h (dim. et j. fériés 10h-15h) - fermé 1er janv., 24, 25 et 31 déc. - 3 € (gratuit sam. apr.-midi, dim., 18 avr., 18 mai, 12 oct. et 6 déc.) - documentation en anglais.

Hébergé dans un édifice néoclassique de la fin du 19e s., ce musée traite des civilisations dont l'histoire est liée à l'Espagne, principalement *via* la colonisation. Chaque peuple est présenté sous plusieurs thèmes : habitat

et cadre de vie, costumes et ornements, fêtes, croyances et rites.
Le **rez-de-chaussée** aborde l'**Asie** et les **Philippines** dont les armures de l'île de Mindanao (18e-19e s.) ou les impressionnants *kriss* (épées à lame sinueuse) de l'île de Jolo ; le **1er étage** traite de l'**Afrique**, de ses costumes et de ses ustensiles comme de belles calebasses décorées ; le **2e étage** est consacré aux civilisations des **Amériques**, des Inuits aux Indiens du Pérou, en passant par le Mexique et l'Amazonie.

Musée du Chemin de fer★

(Museo del Ferrocarril)
E8. *Comptez 30mn.*
Paseo de las Delicias 61 - ✆ 90 222 88 22 - www.museodelferrocarril.org - mar.-vend. 9h30-15h, sam. 10h-20h, dim. 10h-15h - fermé 1er et 6 janv., 1er Mai, 16-31 août et 25 déc. - 6 € (-12 ans 4 €, dim. 2,50 €).
Ce bâtiment de fer et de verre est installé dans l'ancienne gare de Delicias, construite en 1880. Le long des anciens quais, les passionnés et les enfants admireront une trentaine de voitures, différentes machines à vapeur ou diesel, des locomotives électriques, un wagon-restaurant (où l'on peut consommer)… Une salle explique l'histoire du chemin de fer, tandis que, plus loin, des modèles réduits feront rêver petits et grands.

Musée National Reina Sofía★★★

(Museo Nacional Reina Sofía)
E7. *Comptez 1h30 à 2h.*
C/ de Santa Isabel 52 - ✆ 91 774 10 00 - www.museoreinasofia.es - tlj sf mar. 10h-21h, dim. 10h-14h30 (14h30-19h fermé sf la Collection 1 et quelques autres espaces) - fermé les 1er et 6 janv., 1er et 15 mai, 24, 25 et 31 déc. - 8 € (gratuit lun., merc.-sam. à partir de 19h, dim. 15h-19h, 18 avr., 18 mai, 12 oct. et 6 déc.) - billet Paseo del Arte 25,60 €.

Histoire
L'ancien hôpital Sabatini fut réaménagé pour accueillir ce musée d'art contemporain. L'extension spectaculaire a été réalisée en 2005, le long de la ronda de Atocha, par l'architecte français Jean Nouvel. Outre les collections de peinture et sculpture espagnoles du 20e s. Le musée rassemble d'autres formes d'art (cinéma, photographies, édition…).

La collection permanente★★
Elle est divisée en trois sections avec un certain sens historique, mais pas strictement chronologique. Cette scénographie muséale a été récemment revisitée par Manuel Borja-Villel. Le directeur du musée a choisi de mettre en regard les différentes formes artistiques et de les faire résonner dans l'histoire politico-sociétale du pays.
Collection 1 – *2e étage, bâtiment historique (s. 201-210).* Elle est composée de peintures, gravures, sculptures, photographies et films des grands artistes espagnols de l'avant-garde historique. Dans la première salle, des gravures de Goya introduisent l'art contemporain. La gigantesque **salle 206** abrite le **Guernica★★★**, réalisé pour le Pavillon de l'Espagne à l'Exposition Universelle de Paris de 1937. Cette œuvre monumentale, peinte

après le bombardement de la ville de Guernica, est emblématique pour son expressivité et sa valeur symbolique. Vous pouvez aussi voir le film *Las Hurdes* de Luis Buñuel, des peintures, des dessins et des sculptures de Picasso des années 1930 et 1940 et des œuvres de **Miró** de la même époque dont *Escargot, femme, fleur, étoile*. Dans la **salle 202** : œuvres de Miró des années 1920 exposées avec d'autres peintures surréalistes de Tanguy, Magritte ou Arp. Des œuvres de **Dalí** (*Le Grand Masturbateur* et *L'Énigme de Hitler*) se trouvent dans la **salle 205** à côté des photos de Man Ray et du film de Buñuel *L'Âge d'or*. Œuvres cubistes, surtout de **Picasso** et **Juan Gris** (s. **208 et 209**).

Collection 2 – *4e étage, bâtiment historique (s. 401-430)*. Dans ces espaces sont passées en revue les différentes réponses artistiques apparues en Europe, en Amérique et en Espagne après la Seconde Guerre mondiale et jusqu'aux années 1960, de l'art brut de Jean Dubuffet à la dure figuration de **Francis Bacon**. L'**expressionnisme abstrait américain** est représenté par Robert Motherwell, Rothko et Sam Francis ; l'Espagne par **Tàpies**, Cuixart, **Chillida**, **Oteiza** et par les membres du groupe **El Paso** (Millares, Saura, Rivera, Canogar, Feito y Viola) qui montrent les premières réponses d'avant-garde après la guerre civile espagnole. Vous verrez aussi des alternatives plus radicales (**Lucio Fontana**) ou qui introduisent le mouvement (Jean Tinguely).
Les peintures du **Equipo 57** et de **Pablo Palazuelo** montrent la recherche d'une nouvelle objectivité (formes géométriques) comme réaction contre le subjectivisme des expressionnistes.

Collection 3 – *Bâtiment J. Nouvel : étage 0 (s. 001.01-001.12) et 1er étage (s. 104.001-104.09)*. Cette collection interroge une période jalonnée par la décolonisation, les soulèvements de 1968, les mouvements féministes, l'expansion de la culture populaire...
À l'**étage 0**, dédié à l'art espagnol, vous pouvez voir des vidéos (**Antoni Muntadas**) et des œuvres engagées qui traitent de la dictature en Espagne et de l'activisme en Amérique du Sud. Après la salle dédiée à **Luis Gordillo**, influencé par la psychanalyse, on découvre les artistes de la *Nueva figuración madrileña* (nouvelle figuration madrilène), qui utilisent la couleur et le dessin d'une façon provocatrice (Chema Cobo, Carlos Alcolea, Manolo Quejido, G. Pérez). La dernière salle expose des œuvres de l'artiste américain Dan Graham.
Au **1er étage**, les salles dévoilent l'hétérogénéité de l'art de cette période avec des formes d'expressions différentes comme le minimalisme américain (Dan Flavin, Donald Judd, etc.), l'*Art povera* italien (l'art pauvre) ou des œuvres d'artistes femmes (M. Rosler, E. Balcells ou encore Liliana Porter). Le parcours se termine par l'art expérimental et conceptuel espagnol (A. Corazón, A. Muntadas, N. Criado, F. Abad).
Sur la **plaza Nouvel** se dresse la sculpture *Brushstroke* de Roy Lichtenstein.

La gare d'Atocha.

Lavapiés - El Rastro

Ces anciens faubourgs sont les plus populaires et les plus pittoresques de la capitale. Cosmopolites et colorés, ils ont accueilli au fil du temps les vagues successives d'immigration, andalouse d'abord, puis sud-américaine, indienne, chinoise, maghrébine… À l'est, Lavapiés se décline en ruelles pentues, façades aux chaudes couleurs patinées, balcons encombrés de géraniums ou de cages à oiseaux, fenêtres où sèchent des brassées de linge. La nuit, artistes, étudiants et intellectuels viennent s'encanailler dans les bars alternatifs. Et le dimanche, tout le monde se bouscule aux puces du Rastro, gigantesque marché multicolore à ciel ouvert.

➔Accès : Ⓜ La Latina ou Puerta de Toledo (l. 5) pour le marché du Rastro. Lavapiés, Embajadores (l. 3), Tirso de Molina et Antón Martín (l. 1) pour le quartier de Lavapiés. De nombreux bus partent de la Puerta de Toledo et de la glorieta de Embajadores (41, 60 et 148). Les lignes 17, 18, 23, 35 et 60 remontent la calle de Toledo vers La Latina. **Plan détachable dans la couverture.**

➔Conseils : Méfiez-vous des pickpockets dans la foule du Rastro et dans les bars. Ne manquez pas une soirée flamenco à Casa Patas.

Lavapiés

Aujourd'hui multi-ethnique, Lavapiés a conservé une saveur pittoresque et populaire. Dans le dédale de ses ruelles, on rencontre encore quelques *corralas*, habitats collectifs typiques, mais surtout une kyrielle de petits restaurants indiens ou marocains, de plus en plus de grossistes chinois, des théâtres confidentiels et des bars alternatifs.

Balade au fil des rues

Comptez 1h.

Le mieux est de commencer par le centre névralgique du quartier, la **plaza Lavapiés** *(Ⓜ Lavapiés)*, qui illustre à elle seule l'esprit métissé du quartier.

Devant le théâtre du Centre dramatique national se concentre une animation incessante. Aux beaux jours, la fébrilité s'étend à la **calle de Argumosa,** dont les trottoirs sont envahis par les terrasses de cafés.

Quittez la calle de Argumosa en empruntant vers le nord la calle Zurita pour rejoindre la calle Santa Isabel, où le **mercado Antón Martín** donne une idée très typique des grands marchés alimentaires espagnols.

Juste à côté se trouve le **Ciné Doré**, siège de la **Filmoteca Española** (Filmothèque espagnole) depuis 1984. L'ouverture du premier « salon » Doré remonte à 1912 ; en 1923, il fut remplacé par un nouvel édifice, dans le **style Art nouveau,** très en vogue à l'époque pour les cinémas.

Remontez ensuite la calle de Santa Isabel et tournez à gauche sur la calle de la Cabeza ou de la Magdalena.

Plaza de Tirso de Molina

D6.

Difficile d'imaginer en voyant les façades colorées et pimpantes qui entourent cette longue place qu'elle avait l'une des plus tristes réputations de la capitale, rendez-vous de clochards et de toxicomanes. Aujourd'hui, suite à une ambitieuse campagne de réhabilitation, une nouvelle population coexiste avec les innombrables **magasins de gros**, chinois ou africains, des rues au sud de la place. Au centre, la statue représente **Tirso de Molina**, dramaturge espagnol du 17e s.

Quittez la place vers le sud par la calle Mesón de Paredes.

Corrala Mesón de Paredes

(Ou Corrala de Tribulete)

D6.

Angle C/ Mesón de Paredes et C/ Tribulete - ne se visite pas.

L'un des derniers témoins de l'**habitat collectif** populaire madrilène, cette grande *corrala* (1838) est aujourd'hui classée Monument national. Édifiées en brique et en bois entre le 17e et le 19e s., les *corralas* se reconnaissent à leur agencement en coursives réparties autour d'une cour commune. Destinés aux classes ouvrières, ces logements sociaux – l'équivalent des HLM – ne possédaient durant longemps ni eau courante ni électricité. Il n'y avait qu'une salle de bains par étage. La promiscuité évidente de ce type d'habitat restituait une atmosphère de village où chacun était très impliqué dans la vie des autres. Reflet du quotidien populaire, la *corrala* servait souvent de décor aux zarzuelas (*Pour en savoir plus/Musique p. 121*). Vous pouvez voir d'autres *corralas* dans le quartier *(C/ Embajadores 60, C/ Sombrerete 13, C/ Ruda 3).*

La Casa Encendida

D7.

Ronda de Valencia 2 - ✆ 90 243 03 22 - www.lacasaencendida.es - tlj sf j. fériés 10h-21h45.

Ce centre social et culturel moderne occupe un bâtiment néomudéjar construit en 1910 pour abriter une banque. Depuis 2002, il propose toute une palette d'activités : expositions, cinéma indépendant, concerts expérimentaux, stages et conférences. Bibliothèque, médiathèque et vidéothèque sont libres d'accès (sur présentation de la carte d'identité).

El Rastro

C7-D6.

Ⓜ *La Latina ou Puerta de Toledo - dim. et j. fériés 9h-15h. Venez avant 10h, après 11h, la foule empêche presque d'avancer !*

Au 17e s., c'était le **quartier des tanneries**. On y traînait les dépouilles des bêtes le long de la calle Ribera de Curtidores, laissant au sol une traînée *(rastro)* de sang.

Le Rastro est l'un des plus anciens marchés de la ville. Haut lieu du marché noir après la guerre civile, en 1982, **Pedro Almodóvar** y tourna des scènes de son *Labyrinthe des passions*.

Le marché aux puces

Chaque dimanche, Madrilènes et touristes s'y retrouvent dans un joyeux

LES RUES D'EL RASTRO

La plupart des rues regroupent les étals par thème. On trouve un peu de tout dans la calle de Ribera de Curtidores mais surtout des selliers et des étals d'éventails, au nº 29, un patio abrite plusieurs antiquaires (Galerías Piquer) ; la calle San Cayetano rassemble les stands d'encadrements, de reproductions de tableaux et d'aquarelles ; calle de Fray Ceferino González est la rue aux oiseaux ; les calles del Carnero et de Carlos Arniches accueillent les bouquinistes ; vers les plazas General Vara del Rey et Campillo del Mundo Nuevo se concentrent antiquités, brocante et bric-à-brac ; enfin, en descendant vers la puerta de Toledo, c'est le domaine des quincailleries, des collections de BD et d'affiches.

déballage de vieux livres et disques, fripes et bijoux fantaisie, antiquités, vaisselle, quincaillerie… Au Rastro, on trouve de tout. On y vient pour fouiller, marchander, acheter, échanger, mais aussi pour flâner et piétiner.

Plaza de Cascorro

D6.

Cette place marque le début du Rastro. La statue centrale représente Eloy Gonzalo, un soldat espagnol tué en 1896 lors de la guerre d'Indépendance de Cuba. La place concentre surtout des marchands de vêtements, accessoires et bijoux importés d'Asie ou d'Afrique. C'est de là que part la **calle de Ribera de Curtidores**, véritable colonne vertébrale du quartier.

Puerta de Toledo

C7.

Glorieta de Toledo. Au 17e s., c'est ici que l'on franchissait la muraille de la ville en arrivant de Tolède. Le monument surmonté d'allégories militaires qui occupe le centre de la place a remplacé la porte d'origine. Cet arc de triomphe fut commandé par **Joseph Bonaparte**, alors que les troupes napoléoniennes occupaient l'Espagne. Ironie du sort, il ne fut achevé qu'en 1827, pour célébrer le départ des Français et honorer le retour des rois d'Espagne !

Madrid Río

C8, D-E hors plan.

Cet important projet de réaménagement urbain est né grâce à l'enfouissement d'une grande partie du périphérique (M-30) dans le sud de la ville. Les rives du Manzanares ont favorisé la création d'une immense coulée verte avec plus de 30 km de pistes cyclables, jardins et terrains de sport (patins, skate, football, tennis…), parcs de loisirs, serres et équipements culturels (comme l'énorme et dynamique complexe culturel du **Matadero**). La partie la plus belle s'étend entre le pont de Toledo et le pont de la Princesa, où l'on peut voir notamment la curieuse passerelle Arganzuela, dessinée par l'architecte Dominique Perrault (*photo p. 108*).

Les fripes du marché d'El Rastro.

Salamanca - Castellana

Considérée comme l'une des grandes avenues du shopping chic, la calle de Serrano et les rues alentour retiendront surtout les adeptes des grandes marques de luxe. Quartiers résidentiels huppés, Salamanca et son petit voisin Recoletos n'offrent guère au visiteur que des adresses élégantes et chères, ce qui ne doit pas occulter la présence de musées de très grande valeur, tel le merveilleux Musée archéologique ou celui du collectionneur Lázaro Galdiano. Plus confidentiel mais très attachant, le musée Sorolla est une ode à la couleur et à la lumière. Les amoureux d'architecture contemporaine iront jeter un œil au quartier des Cuatro Torres, futur Manhattan madrilène, tandis que les fans du Real Madrid hanteront les gradins du mythique stade Bernabéu…

➔**Accès :** Le cœur de Salamanca est desservi par les stations de métro Serrano, Velázquez et Goya (l. 4). Le nord du quartier par les stations Nuñez de Balboa et Diego de León (l. 5). On rejoint le paseo de la Castellana aux stations Gregorio Marañon, Nuevos Ministerios, Santiago Bernabéu et Plaza de Castilla (l. 10).
Les lignes de bus 5 et 27 relient la plaza de Cibeles à la plaza de Castilla. Pour le shopping, prenez les bus 21 et 53 (C/ Goya), 1 et 174 (C/ Velázquez et Serrano).
Plan détachable dans la couverture.

➔**Conseils :** Visitez les musées archéologique, Sorolla et Lázaro Galdiano. Si le shopping vous passionne, optez pour le sud du quartier.

Musée archéologique national-MAN★★★

(Museo Arqueológico Nacional)
F4. *C/ Serrano 13 - ✆ 915 777 912 - www.man.es - tlj sf lun. 9h30-20h, dim. et j. fériés 9h30-15h - fermé 1er et 6 janv., 1er et 15 mai, 24, 25 et 31 déc. - 3 €, gratuit : -18 ans, sam. à partir de 14h, dim., 18 mai, 12 oct., 16 nov., et 6 déc. ; guide multimédia (espagnol, anglais et langue des signes) : 2 €. Caféteria et boutique au rdc.*
Le musée a réouvert ses portes au printemps 2014, après 6 ans de travaux colossaux. Ses magnifiques **collections** ont été mises en valeur grâce à une muséographie moderne, intéractive et sensitive, pour une approche et une accessibilité à tous.

La section **Préhistoire★** *(rdc, s. 4-9)* montre l'évolution dès les premiers hommes, ses outils et ses coutumes de façon très ludique. Du Néolithique, retenez « **l'Idolo oculado** » curieux petit cylindre avec des yeux ; de l'Âge du bronze, la belle **épée** avec une poignée en or et les **stèles**, présentant des figures et des objets symbolisant leur pouvoir.
La **Protohistoire★★★** *(1er ét., s. 10-17)* présente les peuples préromains de la péninsule. Ne manquez pas le magnifique **Trésor del Carambolo** et les **candélabres de Lebrija**, de la période orientalisante ; la sculpture ibère dont la belle et délicate **Dama de Elche** ou la **Dama de Baza**, assise sur un fauteuil ailé, ou encore, les statues du **sanctuaire del**

Cerro de los Santos; les solides verrats et les **« torques »** du peuple celtibère, et les belles têtes de bronze de **taureaux de Costitx** (Mallorca). L'**Hispania romaine**★ *(1er ét., s. 18-22)* revèle les sculptures (la belle **Livie** *velata*) et la spectaculaire **salle des mosaïques**★. L'Antiquité tardive *(1re partie de la s. 23)* est symbolisée par l'impressionnant **Trésor de Guarrazar**★★★ avec ses couronnes votives en or *(621-672)*. Le **Monde Médiéval** : **Al-Andalus**★★ *(s. 23-27)* illustre la présence arabe en Espagne. Il faut souligner la petite **Boîte de Zamora**, surprenante par la finesse des décors en ivoire ; les chapiteaux califaux et les superbes **plafonds d'art mudéjar**. L'entresol, est entièrement dédié à **la monnaie**★★ : une approche différente et intéressante à travers le rôle social et des exemples d'autres cultures.
Dans la remarquable section **Monde Médiéval** : **Royaumes chrétiens**★★ *(2e ét., s. 27)* admirez le petit **Crucifix de don Fernando et doña Sancha** *(et son dos)*, la **statue de Pedro I de Castilla** priant, et le **bâton du Pape Luna**. Dans **L'ère moderne**★ *(s. 28-30)*, il faut souligner l'extraordinaire **Abaque Népérien**, un prodige de délicatesse et de détail ; on montre aussi le développement des artisanats. Plongez-vous dans la section **Le Nil** : **Egypte et Nubie**★★ *(s. 33-35)* présentée de façon thématique. Remarquez la **statue réaliste de Harsomtus-Em-Hat** et les salles 34 et 35 consacrées à la religion et à la mort. Les différents aspects de la civilisation de la **Grèce** classique *(s. 36)* sont évoqués grâce à la magnifique **collection de vases**★★ du musée.

Bibliothèque nationale

(Museo y Biblioteca Nacional)
F4. *Comptez 30mn. Paseo de Recoletos 20-22 - ☏ 91 516 89 67 - www.bne.es - tlj sf lun. 10h-20h (dim. 14h) - gratuit. Contenu en espagnol (version française sur le site).*
Le **musée de la Bibliothèque nationale** initie à l'histoire de l'écriture, de l'imprimerie et de la conservation du savoir. Des fac-similés d'incunables sont présentés, dont celui du **codex de Metz** (814-820), le plus ancien de la collection. Une salle est dédiée à Don Quichotte et son contexte. Le musée organise aussi des expositions temporaires.

Plaza de Colón

F4. Cette immense place, présidée par un gigantesque drapeau espagnol, est bordée, côté est, par les **jardins de la Découverte** *(Jardines del Descubrimiento)*, une large esplanade conviviale où se mêlent retraités prenant le soleil sur les bancs, jeunes mamans, adolescents jouant au skateboard…
Le long de la calle de Serrano se trouve le **monument à la Découverte de l'Amérique** *(Monumiento al Descubrimiento de América)*, un mur sculpté qui surplombe un petit bassin.

Calle de Serrano

F1-4. Cette longue rue est synonyme de shopping de luxe, en plus des axes perpendiculaires *(C/ Jorge Juan, Goya, Hermosilla… et la luxueuse Ortega y Gasset)* qui comptent également nombre de boutiques. La partie la plus animée commence un peu au sud du Musée archéologique, passe la plaza de Colón et remonte vers le nord en traversant le quartier de Salamanca.

Salamanca

Salamanca doit son nom au **marquis de Salamanque**, un riche financier et mécène, qui lança au 19e s. le projet d'extension de la capitale vers l'est. Conçu selon un plan strictement quadrillé, ce quartier résidentiel s'étend au nord de la calle Goya, entre les calles de Serrano et Príncipe de Vergara. Initialement investi par la noblesse et la grande bourgeoisie, il a perdu la plupart de ses palais, mais reste l'une des zones les plus chères de la capitale, tant pour les restaurants et les hôtels, que pour les boutiques.
Au nord, le **musée de Sculpture en plein air** *(Museo de Escultura al Aire Libre)* est installé le long d'un passage descendant de la calle Serrano vers le paseo de la Castellana. Les œuvres sont mal mises en valeur mais on y découvre certains des plus célèbres artistes espagnols contemporains : Eduardo Chillida, Joan Miró, Pablo Palazuelo, Eusebio Sempere, Pablo Serrano, Gustavo Torner…

Musée Lázaro Galdiano★★

F2. *Comptez 1h. C/ Serrano 122 - ✆ 91 561 60 84 - www.flg.es - tlj sf mar. 10h-16h30, dim. 10h-15h - fermé 1er janv., Jeu. et Vend. saints, 1er, 2 et 15 mai, 15 août, 1er nov., 6, 24, 25 et 31 déc. - 6 €, gratuit lun.-vend. 15h30-16h30 et dim. 14h-15h.*
Grand amateur d'art, José Lázaro Galdiano (1863-1947) réunit dans ce palais néoclassique (1909) des **collections**★★ d'une valeur inestimable, qu'il légua à l'État.
Le **rdc** donne les clés de lecture de l'œuvre de l'artiste et expose une collection d'objets et de toiles de diverses époques : art espagnol (*Adoration des mages* du **Greco**, *Saint Lazare et ses sœurs* du Maestro de Perea ; *Portrait de Charles III* de Mengs ; *San Diego de Alcalá* de **Zurbarán** ; *Anna de Austria* de Sánchez Coello), la **Chambre du trésor**★★ (pièces en or, argent, pierres précieuses…) et l'art européen (*Christ attaché à la colonne* de Naccherino ; *Lady Sondes* de sir Joshua Reynolds).
Au **1er étage**, les salles décorées de meubles précieux et ornées de plafonds recouverts de fresques sont entièrement consacrées à l'art espagnol entre les 15e et 19e s. On remarque de magnifiques tableaux gothiques et Renaissance, des peintures de Zurbarán, El Greco, Carreño de Miranda, Claudio Coello, une tête d'enfant attribuée à Vélasquez et une petite salle comportant quelques toiles de **Goya** dont *Le Sabbat des sorcières*.
Le **2e étage** est dédié à l'art européen : l'école flamande (**Jérôme Bosch**, Ambrosius Benson, Quentin Metsys, Bruegel le Jeune…), mais aussi quelques œuvres italiennes, allemandes, hollandaises, françaises et anglaises (Cranach, Guardi, Tiepolo, Gainsborough, Constable).
Le **3e étage** concentre l'essentiel de la **collection d'arts décoratifs** (plus de 4 000 pièces) : **ivoires et émaux**★★★, céramiques, tissus, éventails, armes…

Maison-musée Sorolla★

(Casa-Museo Sorolla)
E2. *Comptez 30 à 45mn. Paseo General Martínez Campos 37 - ✆ 91 310 15 84 -*

Les arènes de Madrid.

museosorolla.mcu.es - mar.-sam. 9h30-20h, dim. et j. fériés 10h-15h - fermé les 1er janv., 1er Mai et 24, 25 et 31 déc. - 3 € (gratuit -18 ans, sam. 14h-20h, dim., 18 avr., 18 mai, 12 oct et 6 déc.).
Joaquín Sorolla (1863-1923), surnommé le « peintre de la lumière », avait fait construire cette demeure pleine de charme pour concilier sa vie familiale et son atelier. Installées dans l'**atelier** d'origine ou dans les pièces à vivre, les peintures se partagent en trois grands axes : les **paysages**, les saisissantes **scènes de mer et de plage★★** et les **portraits traditionnels★**, qui donnent une idée des costumes et des fêtes de l'Espagne du début du 20e s. Au fil des pièces, vous découvrirez aussi certaines des collections de l'artiste, telles les **céramiques** ou la série de **statues de la Vierge**. Le délicieux jardin prolonge l'impression d'un bonheur de vivre.

Musée des Sciences Naturelles

(Museo Nacional de Ciencias Naturales)
F1. *Comptez 15 à 30mn. C/ José Gutiérrez Abascal 2 (en retrait du paseo de la Castellana) - ✆ 91 411 13 28 (poste 1273) - www.mncn.csic.es - tlj sf lun. 10h-17h (sam. 20h, sf en juil.-août : 10h-15h) - fermé les 1er et 6 janv., 1er Mai et 25 déc. - 6 € (-16 ans 3 €). Musée difficile d'accès aux non-hispanophones.*
Ce musée présente l'histoire de la vie, les caractéristiques écologiques des **milieux méditerranéens** (dont le spectaculaire calamar géant) et la biodiversité. Parmi les parties les plus intéressantes, le **cabinet royal**, rassemble les collections à l'origine du musée, dont le squelette fossilisé d'un *Megatherium Americanus* ou la reproduction d'un diplodocus. Jetez un coup d'œil à la section **minéralogie** et géologie dont un des **fragments de météorites** pèse plus d'une tonne !

Arènes de Las Ventas★

(Plaza de Toros)
Hors plan en direction de H3. *Comptez 1h. Pl. Monumental de Las Ventas (C/ de Alcalá 237) - www.las-ventas.com - corridas tous les dim. de fin-mars à déb. oct. et le vend. soir en juil.-août - ✆ 902 15 00 25 - billets : 5,20/149 €, selon placement. Tauro Tour - ✆ 687 73 90 32 - 10h-18h (24 et 31 déc 10h-13h30) ; les jours de corrida ferm. 4 h av. le déb. du spectacle - visite libre ou guidée 45mn (possible en fr.) -12 € (-12 ans 8 €) libre avec audioguide (en fr.) ; guidée 1-2 pers. 30 €/pers., 3-5 pers. 25 €/pers.*
Avec près de 24 000 places et une piste de 60 m de diamètre, les arènes de Las Ventas, construites en 1931 dans le **style néomudéjar**, arrivent en deuxième position mondiale derrière celles de Mexico (48 000 places). Les **férias** les plus importantes sont celles de la San Isidro en mai et d'automne en oct.
Devant l'entrée et sur le côté des arènes, plusieurs **statues** rendent hommage aux toreros et aux taureaux.
La **visite guidée** permet de pénétrer dans les arènes, de monter tout en haut des gradins et de découvrir affiches, costumes et photos des plus grands toreros.

Castellana

Ce quartier s'étend au nord du centre-ville et commence aux **Nuevos Ministerios**, énorme ensemble de ministères à l'architecture quasi stalinienne (1942). Juste au nord, se trouve l'**AZCA**. Il s'agit d'un ensemble de tours érigées dans les années 1970, sur la portion du paseo de la Castellana qui accueillait déjà le stade du Real Madrid. Aujourd'hui, les premiers « gratte-ciel » (**tour Picasso**, 157 m, **tour Europa**, 121 m, **tour BBVA**, 107 m...) sont bien esseulés et l'expansion urbaine s'est à nouveau déplacée vers le nord.

Stade Santiago Bernabéu

(Estadio Santiago Bernabéu)
Hors plan en direction de E-F1. *Av. Concha Espina 1 (paseo de la Castellana) - ✆ 902 311 709 - www.realmadrid.com - tlj sf Noël et 1er janv. 10h-19h, dim. et j. fériés 10h30-18h30 ; les j. de match jusqu'à 5h avant - 16 € (enf. 10 €), vente porte 7, accès porte 20.*
Les fans de football savent tous que c'est le siège du mythique **Real Madrid**, neuf fois vainqueur en Coupe d'Europe. D'une capacité de plus de 80 000 places, le stade se **visite** et vous emmène dans les vestiaires, le long du tunnel d'entrée des joueurs, sur la pelouse et dans la salle des trophées.

Plaza de Castilla

Hors plan en direction de E-F1. La plaza de Castilla était marquée par la silhouette des deux tours, connues sous le nom de **tours Kio** (1996). Inclinées l'une vers l'autre selon un angle de 15°, elles forment la **Puerta de Europa** (porte de l'Europe). Cet ensemble s'est enrichi, fin 2009, avec l'**Obélisque** que l'entité financière Caja Madrid a offert à la ville. Au centre de la place et recouverte de plaques de bronze, la première œuvre du prestigieux **Santiago Calatrava** à la capitale se dresse jusqu'à plus de 90 m de hauteur et n'a que 2 m de diamètre. Au sud de la place on trouve le **monument à José Calvo Sotelo** (1960), érigé sous Franco, qui célèbre un politicien de la droite nationaliste assassiné par les républicains en 1936. À remarquer, la **vue** depuis le monument, avec l'Obélisque, les tours inclinées et, au fond, trois des Quatre Tours.

Cuatro Torres Business Area (CTBA)

Hors plan en direction de E-F1. Au nord de la plaza de Castilla se dresse le quartier d'affaires des **Cuatro Torres Business Area**, nouveau symbole urbanistique et architectural de la ville. Construit sur les terrains de l'ancienne Cité sportive du Real Madrid, cet impressionnant parc d'entreprises est formé par quatre gratte-ciel (les plus hauts en ce moment de la ville et du pays, entre 224 et 250 m) qui sont tous l'œuvre de grands architectes : la **tour** de Sir Norman Foster (250 m), la **tour de Cristal** de l'argentin César Pelli, la **tour Espacio** de Henry N. Cobb et la **tour Sacyr Vallehermoso** des espagnols Carlos Rubio Carvajal et Enrique Álvarez-Sala. L'hôtel de luxe Eurostars Madrid Tower occupe 31 étages de cette dernière et offre une vue spectaculaire depuis le restaurant gastronomique.

Argüelles - Moncloa - Casa de Campo

C'est sans doute sur la colline des jardins Ferraz que l'on devine le caractère du quartier d'Argüelles. Surplombant le Manzanares, face à l'immensité verte de la Casa de Campo, le mystérieux temple de Debod pose son reflet dans les eaux d'un bassin. Au nord, les frondaisons du paseo del Pintor Rosales et du Parque del Oeste invitent à la flânerie. Rien ici n'évoque le tourisme, tout juste croise-t-on coureurs à pied, bandes d'enfants poussant un ballon et grappes de dames bavardes. Argüelles, avec ses espaces verts et tranquilles, est un quartier résidentiel. Plus loin, au nord, se rassemblent les universités du quartier de la Moncloa, sorte de campus à l'américaine. Quelques bijoux retiennent le passant, fresques de Goya ornant un ermitage, musées du Costume ou d'Amérique...

➔**Accès :** Ⓜ Argüelles et Moncloa (l. 4 et 3). Lignes de bus 1, 44, 46, 74, 133 et C de la plaza de España à la plaza de Moncloa. **Plan détachable dans la couverture.**
Le bus 46 passe juste devant le musée du Costume et c'est le seul qui relie l'ermitage San Antonio, le musée du Costume et celui d'Amérique au centre-ville.
➔**Conseil :** Empruntez le téléphérique pour aller à la Casa de Campo.

Argüelles

Édifié au tournant du 20ᵉ s. sur d'anciennes terres royales surplombant la rivière Manzanares, Argüelles est un paisible quartier résidentiel habité par la classe moyenne et la bourgeoisie. Avec son plan quadrillé, il fait le pendant à l'ouest à ce qu'est Salamanca du côté est. La Gran Vía, qui le relie au centre-ville, se prolonge par la très passante **calle de la Princesa**, où se concentrent l'animation, les cinémas et les grandes enseignes commerciales.

Musée Cerralbo★

C4.
Entrée par C/ Ventura Rodríguez 17 - Ⓜ Plaza de España - ✆ 91 547 36 46 - http://museocerralbo.mcu.es - mar.-sam. 9h30-15h, jeu. 17h-20h, dim. et j. fériés 10h-15h - fermé 1er et 6 janv., 1er Mai, 24, 25 et 31 déc. - 3 € (gratuit sam. à partir de 14h et jeu. de 17h à 20h).

Installé dans un beau petit palais de la fin du 19ᵉ s., le musée présente les collections fastes et très variées que le marquis de Cerralbo, grand amateur d'art, légua à sa mort (1922) à l'État espagnol. Les salles abritent de nombreux tableaux – surtout espagnols, des meubles d'époque, des armures et des armes, des porcelaines, des collections archéologiques, des photographies et des souvenirs personnels.

Le temple de Debod.

Parque del Oeste

B2-4 et C4.
Dessiné au début du 20e s. sur le modèle des parcs anglais, ce vaste espace vert (98 ha) s'étire au-dessus des rives du Manzanares. Dès sa création, il devint une promenade prisée par les familles du quartier. Sur son côté oriental, le **paseo del Pintor Rosales** forme un balcon sur le parc et accueille d'agréables terrasses de cafés.

Temple de Debod★

C4. *Comptez 15mn.*
Jardines del Templo de Debod, c/ Ferraz 1 - ☏ 91 366 74 15 - avr.-sept. : mar.-vend. 10h-14h, 18h-20h, w.-end et j. fériés 9h30-20h ; oct.-mars : mar.-vend. 9h45-13h45, 16h15-18h15, w.-end et j. fériés 9h30-20h - fermé lun., 1er et 6 janv., 1er Mai et 25 déc. - entrée gratuite.

Dans le parque del Oeste, sur la **colline du Príncipe Pío**, l'un des points les plus élevés de Madrid, se dresse, incongru, le **temple égyptien** de Debod. L'Égypte en fit don à l'Espagne, en remerciement de l'aide apportée à la préservation de son patrimoine menacé lors de la construction du barrage d'Assouan. Le temple fut démonté pierre par pierre et transféré à Madrid en 1968. Érigé à Abou Simbel en l'honneur du dieu Amon et de la déesse Isis, il date du 4e s. av. J.-C. Une allée de pierre au centre d'un bassin recréé la voie d'accès, marquée par deux **portes monumentales**. Les murs de la salle intérieure portent quelques **hiéroglyphes** et représentations de divinités égyptiennes. Côté ouest, une large esplanade et une fontaine dominent la Casa de Campo et, dans le lointain, la sierra de Guadarrama. Vers le sud, sous les arbres, un balcon livre un **panorama** sur le Campo del Moro, le palais royal et la cathédrale de la Almudena.

Téléphérique de la Casa de Campo

C3. *Comptez 10mn de traversée.*
Paseo del Pintor Rosales - Ⓜ Argüelles - ☏ 902 345 002 - www.teleferico.com - mi mars-fin sept. tlj 11h (ou 12h)-18h (jusqu'à 21h selon la saison) ; déb.-oct.-mi mars w.-end et j. fériés uniquement - AR 5,75 € (-3 ans gratuit).
Inauguré en 1969, ce téléphérique reliant le parque del Oeste à la Casa de Campo offre pendant le trajet d'insolites perspectives sur le palais royal, le Manzanares et les parcs qu'il survole. Cette balade aérienne, suspendue à 40 m du sol sur 2,50 km, est une expérience qui enchante petits et grands ! De l'autre côté, l'immense espace vert permet toutes sortes d'activités (*Casa de Campo/Parc d'attractions p. 106*).
Sauf s'il fait chaud, prévoyez une petite laine pour les enfants.

Ermitage de San Antonio de la Florida★

B4. *Comptez 10mn.*
Glorieta de San Antonio de la Florida 5 - Ⓜ Príncipe Pío - ☏ 91 542 07 22 - www.madrid.es/ermita - tlj sf lun. 9h30-20h - fermé lun., 1er janv. 1er Mai et 25 déc. - entrée gratuite - notice explicative en français.

Ce sanctuaire doit son nom au palais de la Florida, qui existait alors. Commandé par Charles IV, d'un style néoclassique banal, il renferme l'une des œuvres majeures de Goya, exécutée en moins de six mois en 1798. Coupoles et voûtes intérieures sont entièrement décorées de **fresques★★** de toute beauté, tourbillon de mouvement et de couleur à la gloire de saint Antoine de Padoue. L'artiste y rompt avec la tradition, représentant les anges en femmes et illustrant le miracle de saint Antoine comme une scène populaire madrilène. En 1919, la **dépouille de Goya** (mort à Bordeaux en 1828) fut rapatriée et enterrée ici. En 1928, on éleva à côté une chapelle identique, pour continuer d'assurer la messe, car le culte du saint d'origine portugaise est très populaire à Madrid et l'occasion d'une célèbre *romería* (le 13 juin).
Ne manquez pas les miroirs grossissants autour de la nef : ils sont astucieusement disposés pour que l'on voie les fresques sans se tordre le cou !

Moncloa

Situé aux abords et au nord de la plaza de la Moncloa, ce quartier est surtout celui des universités, fréquenté principalement par les étudiants. Il ne présente en lui-même aucun intérêt, mais ceux qui ont un peu de temps y apprécieront deux superbes musées.

Plaza de la Moncloa

C2.
Porte d'entrée nord-ouest de la capitale, la plaza de la Moncloa est dominée par la masse monumentale et austère de l'**état-major de l'Armée de l'air** (*Cuartel General del Aire,* 1943). Au centre de la place, se dresse l'**arc de triomphe de la Victoire** *(Arco de la Victoria)*, haut de près de 40 m, inauguré par Franco en 1956 pour célébrer sa victoire dans la guerre civile.

Musée d'Amérique★

B1. *Comptez 1h30 à 2h.*
Museo de América - Av. Reyes Católicos 6 - ✆ 91 549 26 41 - http://museodeamerica.mcu.es - tlj sf lun. 9h30-18h30 (20h30 mai-oct.), dim. et j. fériés 10h-15h - fermé les 1er et 6 janv., 1er Mai, 24, 25 et 31 déc. - 3 € (gratuit dim., 18 avr., 18 mai, 12 oct., 6 déc.).
L'intérêt de l'Espagne pour les Amériques remonte évidemment aux expéditions de **Christophe Colomb** et à la **colonisation** de l'Amérique latine, puis de l'Amérique du Nord. Dès le 18e s., les collections royales ont rassemblé une foule d'objets archéologiques ou ethnographiques en rapport avec les populations de ces nouveaux territoires. Ce musée archéologique et ethnographique, fondé en 1941, est consacré à l'histoire, à la géographie et à la culture de l'Amérique latine. Plus de 2 500 objets sont exposés sur deux étages, complétés par des panneaux explicatifs, des cartes, des maquettes, des reconstitutions d'habitats, etc. L'ensemble propose une approche très pédagogique. Le joyau du musée est un **codex maya★★★** (13e-16e s). Trois manuscrits semblables sont encore conservés dans le monde. On remarque

également les curieux *enconchados* (sortes de tableaux peints et décorés de nacre, 17e s.) représentant *La Conquête du Mexique*, ou encore *La Stèle de Madrid* (maya), le précieux **trésor des Quimbayas★** (Colombie) et le codex de Tudela (1553).

Musée du Costume★

(Museo del Traje)
B1. *Comptez 1h30 à 2h.*
Av. Juan de Herrera 2 - Ⓜ Ciudad Universitaria, Moncloa, bus 46, 82, 83, 133 et G - ☏ 91 550 47 00 - http://museodeltraje.mcu.es - tlj sf lun. 9h30-19h (22h30 jeu. juil.-août), dim. et j. fériés 10h-15h - fermé les 1er et 6 janv., 1er Mai, 9 nov., 24, 25 et 31 déc. - 3 € (gratuit sam. apr.-midi , dim., -18 ans, 18 avr., 18 mai, 12 oct., 6 déc.) - audioguide en français compris dans le billet.
Résolument contemporain, au cœur du campus universitaire, le musée du Costume occupe depuis 2004 le bâtiment de l'ancien musée d'Art contemporain. Tous les passionnés d'histoire de la vie quotidienne et de textiles adoreront ses collections remarquables. Chaque période est replacée dans son contexte.
Pour le **Moyen Âge**, on note ainsi de curieuses « chopines », mules à hautes semelles compensées pour éviter de salir ses jupes et d'avoir froid aux pieds (l'une des paires date de 1187, appartenait à une nonne et a été retrouvée dans un sarcophage !). Puis, on se promène entre les **robes de cour**, on admire les gants, les broches ou les ombrelles, on découvre le costume des célèbres **majas et majos** madrilènes, on s'émerveille devant la richesse des **costumes régionaux**, on s'attarde devant les tournures, les chaussures, les éventails… On s'amuse de l'histoire des **dessous féminins**, des pudiques cotillons aux sexy soutiens-gorge, en passant par les rigides corsets ! Puis arrive la modernité, robes des années 1950, explosion de la haute couture, avec des créations des plus grands et clin d'œil aux Espagnols, **Cristóbal Balenciaga** ou **Ágatha Ruiz de la Prada** et sa doudoune *Michelín*…

Casa de Campo

A3-5 et B4-5. *Comptez une demi-journée. Le plus simple et le plus amusant est d'emprunter le téléphérique (voir plus haut) qui arrive au cœur du parc. Mais vous pouvez rejoindre le lac depuis le centre-ville en prenant le métro (Ⓜ Lago).*
Situé sur la rive ouest du Manzanares, ce parc naturel de plus de 1 700 ha fait face à la capitale. Ancien terrain de chasse des rois d'Espagne, il fut reboisé de pins et de chênes verts en 1559, à l'initiative de Philippe II. Ouvert au public dans les années 1930, c'est aujourd'hui un vaste centre de loisirs avec piscine en plein air, grand parc d'attractions, zoo, aquarium et buvettes au bord de l'eau. Le week-end, il est particulièrement fréquenté par les familles madrilènes et les sportifs.

Zoo-aquarium★

Hors plan en direction de A4.
Parc de la Casa de Campo - Ⓜ Batán ou Casa de Campo - ☏ 90 234 50 14 - www.zoomadrid.com - 10h30 (ou 11h)-18h (jusqu'à 20h30 selon la saison) - 22,90 € (3-7 ans 18,55 €, -3 ans gratuit), tarifs avantageux en réservant à l'avance sur Internet.

Au cœur de la Casa de Campo, sur 20 ha, s'étend l'un des plus intéressants zoos d'Europe. On apprécie en particulier la grande variété d'animaux (plus de 6 000 locataires de plus de 500 espèces différentes), l'aquarium spécialisé dans la faune marine tropicale, le vaste delphinarium et le parc ornithologique avec exhibitions en vol libre de rapaces et d'oiseaux exotiques.

Parc d'attractions

(Parque de Atractiones)

Hors plan en direction de A4.

Parc de la Casa de Campo - Ⓜ Batán - ✆ 90 234 50 01 - www.parquedeatracciones.es - 24 juin-8 sept. : tlj ; reste de l'année : w.-end et quelques jours (voir sur Internet) : 12h-19h (jusqu'à 0h juil.-août) - 29,90 € (-3 ans gratuit), tarifs avantageux en réservant à l'avance sur Internet.

Ce gigantesque parc de loisirs compte de nombreuses attractions, plus populaires les unes que les autres. De la grande roue aux montagnes russes en passant par le centre de paintball ou le cinéma 4D, on y retrouve tous les classiques remis au goût du jour, agrémentés de spectacles extérieurs vivants et colorés à la belle saison.

Bonus

Passerelle Arganzuela par l'architecte Dominique Perrault.

C. S. Pereyra / age fotostock / ADAGP

Pour en savoir plus

Les dates clés

1900 av. J.-C. – La présence humaine est attestée le long du Manzanares et à Ciempozuelos, non loin de Madrid.
8e s. – Les musulmans colonisent la péninsule (711). Le royaume wisigoth s'effondre. Dans le nord, des chrétiens amorcent déjà la **Reconquista**.
9e s. – L'émir fait ériger la forteresse de Mayrit.
1109 – Les Almoravides assiègent Mayrit, sans succès.
1202 – Alphonse VIII de Castille accorde à Madrid sa première charte de cité, la libérant de la tutelle de Tolède.
1217 – **Saint François d'Assise** crée le monastère San Francisco à Madrid.
1309 – Le roi réunit les Cortes pour la première fois à Madrid.
1348 – L'épidémie de peste noire, qui sévit en Europe, ravage la ville.
1492 – La **chute de Grenade** marque la fin de la Reconquista. Christophe Colomb « découvre » l'Amérique. Les juifs sont expulsés d'Espagne.
1500 – Madrid compte 3 400 hab. Les séjours de la Cour s'y font plus fréquents.
1516 – Le petit-fils des Rois Catholiques, Charles Ier, monte sur le trône. À la mort de son grand-père Maximilien d'Autriche, il hérite de ses possessions et devient empereur sous le nom de **Charles Quint**.
1525 – Charles Quint vainc François Ier à Pavie et l'emprisonne à Madrid.
1561 – Le fils de Charles Quint, Philippe II transfère la Cour de Tolède à Madrid, qui devient capitale.
1564 – Ouverture à Madrid du couvent de las Descalzas Reales.
1584 – La construction du monastère de l'Escurial s'achève. Madrid compte env. 15 000 hab.
1598 – Début du règne de Philippe III. La population de Madrid atteint 40 000 hab., mais le roi déplace la capitale à Valladolid, de 1601 à 1606.
1605 – Cervantès publie la première partie de **Don Quichotte**. Ce siècle marquera l'apogée culturel du royaume.
1611 – Fondation à Madrid du couvent de la Encarnación.
1617-1619 – Création de la Plaza Mayor qui sera remodelée par la suite.
1621 – Le nouveau roi Philippe IV nomme Vélasquez peintre de la cour.
1632 – Achèvement du palais et des jardins de Buen Retiro. La ville compte env. 170 000 hab.
1700-1714 – Charles II meurt sans descendance. Le petit-fils de sa sœur Marie-Thérèse et de Louis XIV, Philippe d'Anjou, est l'héritier : c'est un Bourbon. Suite à la guerre de Succession, Philippe V est proclamé roi en 1714.
1759 – Avènement de Charles III. Essor des Lumières. L'urbanisation de la capitale s'améliore.
1764 – La construction du palais royal s'achève, après 26 ans de travaux.
1778 – Construction de la Puerta de Alcalá.
1785 – Lancement de la construction du **Prado**, qui sera achevé en 1811.
1808 – Sous prétexte d'envahir le Portugal, les troupes napoléoniennes passent en Espagne. Le 23 mars, Murat et 100 000 soldats entrent dans Madrid.
2 mai 1808 – Le peuple madrilène s'insurge contre les troupes françaises :

Murat noie la révolte dans un bain de sang. Le peintre **Goya** fixe les événements dans ses deux plus célèbres tableaux. C'est le début de la guerre d'Indépendance (1808-1814). Napoléon place son frère Joseph Bonaparte sur le trône.

1810-1811 – Joseph Bonaparte crée les plazas Santa Ana et de Oriente.

1813 – L'armée de Wellington libère l'Espagne et Madrid.

1851 – Ouverture du chemin de fer Madrid-Aranjuez.

1856 – Création de la Banque d'Espagne.

1872-1876 – Institution de la **Ire République**. L'armée la renverse. La monarchie est restaurée. Alphonse XII, fils d'Isabelle monte sur le trône.

1919 – Inauguration de la première ligne de métro à Madrid.

1931 – Une majorité républicaine est élue. Le roi part en exil. La population madrilène atteint le million.

1931-1936 – **IIe République**. Le Front populaire remporte les élections de 1936.

1936-1939 – Guerre civile. La chute de Madrid, dernier bastion républicain, marque la fin du conflit.

1939-1975 – Dictature de **Franco**.

1973 – Assassinat à Madrid par l'ETA du Premier ministre, Carrero Blanco.

1975 – Mort de Franco. Juan Carlos est proclamé roi.

1981 – Le 23 février, l'armée tente un coup d'État. Le Museum of Modern Art de New York restitue la toile de Picasso, **Guernica**, au musée du Prado.

1982 – Les socialistes de Felipe González arrivent au pouvoir. Ils seront réélus en 1986, 1989 et 1993.

1986 – Le 1er janvier, l'Espagne intègre l'**Union européenne**.

1992 – Madrid, Capitale européenne de la culture pour l'année. Ouverture du musée Thyssen-Bornemisza et du Centro de Arte Reina Sofía.

1993 – Jean-Paul II consacre la cathédrale de la Almudena.

1996 – Le Parti populaire de droite de José María Aznar arrive au pouvoir. Il le conservera aux élections de 2000, obtenant la majorité absolue. Madrid inaugure les deux tours penchées qui forment la Puerta de Europa.

2002 – L'**euro** remplace la peseta.

11 mars 2004 – Des attentats terroristes revendiqués par Al-Qaida font 192 morts à la gare d'Atocha.

14 mars 2004 – Conséquence des attentats : les socialistes gagnent les élections. José Luis **Zapatero** devient Premier ministre.

22 mai 2004 – Le prince héritier Felipe épouse à Madrid la journaliste Letizia Ortiz.

Décembre 2006 – L'**ETA** perpétue un attentat à l'aéroport de Madrid. Zapatero suspend les négociations avec les indépendantistes basques.

4 avril 2010 – Madrid fête le centenaire de la Gran Vía.

Novembre 2011 – Mariano **Rajoy** remporte les élections anticipées.

2011-2012 – Le mouvement des *Indignados* mutilplie les manifestations contre la crise sur la Puerta del sol.

2013-2014 – Les manifestations se poursuivent dans la capitale (santé, éducation...) en réaction à la politique d'austerité et de compression budgétaire du gouvernement.

Urbanisme et architecture

La capitale espagnole a longtemps souffert d'une absence de grande vision urbaine. Tout au long du Moyen Âge, son développement s'est fait autour du fort initial, l'*alcázar*, bâti par les musulmans. Au fur et à mesure que la population débordait de l'enceinte, on en élargissait le périmètre fortifié, dressant de nouveaux remparts de manière plus ou moins concentrique. Un facteur très particulier vint retarder l'émergence d'une architecture ambitieuse : en choisissant Madrid comme capitale, le roi avait dû se contenter comme palais de l'ancien *alcázar*. Sombre et trop exigu, l'édifice ne pouvait accommoder les réceptions royales. Pour pouvoir loger ses invités, le roi promulgua une loi obligeant chaque maison de plus d'un étage à tenir le niveau supérieur à disposition du roi. Face à cette réquisition fort mal vue, beaucoup de propriétaires se contentèrent de maisons basses, s'étalant de façon un peu anarchique le long des ruelles. La ville manqua longtemps de véritables places. Il fallut ainsi attendre le 17e s. pour que la première **Plaza Mayor** soit créée. À la même époque, le roi décida de construire un nouveau palais, celui du **Buen Retiro**, à l'est de la ville. Le **manque chronique d'eau** nécessita la création du canal Isabelle II en 1858 pour amener à la ville l'eau de la sierra voisine. Si les places sont rares, les grands axes le sont tout autant : le **paseo del Prado** et sa promenade ombragée durent attendre le 19e s. L'axe est-ouest de la **Gran Vía** ne fut envisagé et conçu qu'au début du 20e s. Quant à l'ouverture du **paseo de la Castellana**, sa réalisation ne fut lancée que dans les années 1950. À la fin du 20e s. la capitale a entrepris de nouveaux grands travaux. L'extension de l'axe de la Castellana se poursuit au-delà de la plaza de Castilla, avec un nouvel horizon de gratte-ciel, mais surtout, Madrid s'attaque enfin au problème majeur et récurrent des embouteillages et de la pollution, notamment grâce à l'enfouissement de la M30 et à l'ambitieux réaménagement des **berges du río Manzanares**.

Les styles architecturaux

Les bases médiévales

Malgré la longue présence musulmane, à Madrid, on ne peut voir qu'une petite portion de la muraille du village fortifié originel. Après la reconquête, des musulmans ont continué à développer leur style propre, baptisé le **style mudéjar** (11e-15e s.). La ville ne conserve que deux tours mudéjares, celles des églises San Nicolás et San Pedro.

Le style gothique (16e s.)

Madrid ne compte qu'un seul exemple, la **capilla del Obispo** (chapelle de l'Évêque), qui montre dans son architecture un art gothique tardif tandis que sa décoration annonce la Renaissance.

L'âge baroque (17e-18e s.)

Le style baroque, art de la Contre-Réforme, connaît un vif succès. Parmi les exemples typiques de ce style à Madrid, on compte la Plaza Mayor, les églises de la Encarnación et San Miguel (*Visiter Madrid p. 48, 58 et 51*). Le plus fameux représentant de ce style en Espagne est **José de Churriguera** (1665-1725), dont le **style churrigueresque** se distingue par la profusion de torsades, pampres et fantaisies (Académie royale des beaux-arts). Il est suivi, à Madrid, par Pedro de Ribera (1683-1742).

Le style néoclassique (18e-19e s.)

La seconde partie du 18e s. et le 19e s. voient un retour des modèles classiques. Bien que portant encore une forte marque baroque, le palais royal est le plus imposant des édifices néoclassiques de Madrid, qui comptent aussi l'église San Francisco el Grande, la Puerta de Alcalá, le musée du Prado, l'observatoire astronomique, le palais des Cortes ou la Bibliothèque nationale.

Éclectismes (19e-20e s.)

La seconde moitié du 19e s. amorce un virage qui mènera jusqu'au 20e s. : la recherche de modèles architecturaux s'étend peu à peu à tous les styles du passé. Les architectes mélangent sans complexes les héritages les plus divers, **néoroman**, **néogothique**, **néomudéjar** (plaza de Toros, église de la Paloma), ainsi qu'en témoignent les axes que sont la Gran Vía et la calle de Alcalá, avec leur succession de figures mythologiques, de colonnades, de balustres et de coupoles. On assiste aussi à l'émergence d'une **architecture « technique »**, reposant sur les nouveaux savoir-faire des ingénieurs. Cela donne le délicieux palais de Cristal du parc de Buen Retiro ou l'imposante structure de la gare d'Atocha.

Au 20e s., on retrouve la tradition de l'**Art nouveau** (Sociedad de Autores, Ciné Doré), de la **Belle Époque** (immeuble Metrópolis) ou des projets plus **éclectiques** comme le palais des Communications. Jusqu'à la guerre civile, l'Amérique reste une source d'inspiration (Círculo de Bellas Artes, l'immeuble de la Telefónica et ceux de la plaza del Callao).

Parenthèse franquiste

L'enfermement culturel de cette période s'est étendu à l'architecture, en témoignent les lourds bâtiments de l'immeuble España, des Nuevos Ministerios ou du Ministerio del Aire.

La modernité

Avec le retour de la démocratie, Madrid s'est rouverte aux architectes innovants, notamment le long du **paseo de la Castellana**. Le symbole du renouveau tient dans les deux tours penchées de la **Puerta de Europa** (1996), l'aménagement du musée Reina Sofía par Jean Nouvel (2005), le délirant hôtel Puerta América (2005), fruit des créations conjointes de 19 grands architectes contemporains dont Jean Nouvel, Norman Foster, Zaha Hadid… L'avenir architectural de la capitale se dessine vers le nord, là où se dresse, orgueilleux, le nouveau quartier d'affaires Cuatro Torres Business Area (CTBA). Dans le sud aussi s'est concrétisé un projet urbanistique d'importance, **Madrid Río**, immense coulée verte qui donne un nouveau visage aux rives du Manzanares, où l'architecte Dominique Perrault a réalisé la passerelle Arganzuela.

Les Madrilènes

Combien de Madrilènes différents doit-on s'attendre à rencontrer dans la capitale espagnole ? On ne peut pas résumer ses habitants à quelques stéréotypes.
Madrid a tant de fois fait sa révolution que son image en est brouillée.
C'est sans doute une ville pleine de paradoxes…

Un melting-pot à l'espagnole

Rien n'est simple à Madrid. Capitale de droite d'un pays qui bascule entre la gauche et la droite, berceau d'une *movida* qui fit tant pour réveiller le bourgeois qu'on la pria fermement de se taire, centre de gravité de l'hispanité la plus stricte mais pôle majeur d'une immigration multicolore : Madrid est loin de n'être qu'une affaire de Madrilènes.
Depuis sa création comme capitale, en 1561, elle s'est étoffée grâce à l'arrivée de nouveaux habitants, venus des provinces espagnoles, puis des colonies.
Dans les années 1970 et 1990, beaucoup d'Espagnols sont arrivés des provinces pauvres, Estrémadure, Andalousie.
L'explosion du marché immobilier et la forte croissance du pays ont demandé un nouvel apport de main-d'œuvre non qualifiée et accéléré l'**immigration étrangère**.
La proximité du **Maroc** et les liens historiques qui le rattachent à l'Espagne en ont fait le premier pourvoyeur de travailleurs, dans l'agriculture et le bâtiment. L'immigration latino, venue d'**Amérique latine et centrale** et facilitée par la communauté de langue, est surtout orientée vers les services et l'hôtellerie-restauration. Une importante **communauté asiatique** s'est également constituée, principalement spécialisée dans l'importation de textile bas de gamme et le commerce de gros, qui remplace peu à peu les artisanats espagnols traditionnels. Dans le centre de Madrid, ces populations cohabitent essentiellement dans le quartier de Lavapiés. Mais la hausse des **loyers** et la « boboïsation » du centre-ville accentuent le problème de l'hébergement. Si la réhabilitation du vieux Madrid est un réel succès, le développement urbain de la périphérie a souffert parfois d'un manque de planification concertée.

Et le sens de la famille ?

La crise économique a fait monter le taux de chômage en Espagne au 26 % à la fin de 2013 et plus de 55 % chez les jeunes. La tranche d'âge 20-40 ans représente plus du tiers de la population madrilène. Cet état de fait oblige les jeunes à rester dans le cocon familial, retardant de plus en plus le moment de fonder leur propre famille.
La famille au sens large continue à être un pilier fondamental de la société espagnole, même si elle a beaucoup évolué et s'est ouverte aux tendances modernes (concubinage, familles

monoparentales, homoparentales, recomposées). Ce sens prononcé de la famille joue un rôle essentiel pour faire face aux difficultés liées à la conjoncture économique des derniers temps.

La movida

C'est sans doute la *movida* (du verbe *mover*, bouger, bousculer) qui a fait la réputation contemporaine de Madrid, même si cette époque est révolue. Après les années sombres de la dictature, un vent de **folie libertaire** s'empare de la capitale. On jette aux orties toutes les contraintes intellectuelles, sociales, sexuelles… Madrid est le berceau de cette fuite en avant transgressive, née dans le quartier de **Malasaña**. Le cinéaste Pedro Almodóvar, les groupes Kaka de Luxe, Glutamato Yéyé, les chanteurs Fabio McNamara et Olvido Gara (connue sous le nom d'Alaska), les photographes Ouka Lele, Pablo Pérez Mínguez ou Alberto García-Alix entreprennent de renvoyer une image irrévérencieuse, de **permissivité** sans limites. L'ambiance de la capitale bascule dans un **emballement festif** où toutes les expériences sont permises. C'est l'explosion soudaine d'une génération de jeunes Espagnols qui n'ont pas connu la guerre civile. À partir de 1977, ils rejettent le corset du franquisme et se lancent dans une frivolité débridée. Dans les années 1980, Madrid est la capitale mondiale des nuits blanches. Une énergie et une **créativité** intenses règnent, la bonne humeur camoufle la frénésie tragique. Le maire socialiste de Madrid, Tierno Galván, soutient manifestations artistiques et festivals. Pourtant, peu à peu, la *movida* s'essouffle… Le sida, les overdoses, les suicides emportent plusieurs des figures de proue.

PEDRO ALMODÓVAR

Symbole de la « movida » dès ses premiers films « Pepi, Luci, Bom et autres filles du quartier » (1980), « Labyrinthe des passions » (1983) ou « Qu'est-ce que j'ai fait pour mériter ça ? » (1984), Almodóvar se fait connaître internationnalement par un style identifiable dès les premières images, avec « Femmes au bord de la crise de nerfs » (1988), puis « Attache-moi ! » (1990) et « Talons aiguilles » (1991). Une manière de jouer avec les couleurs vives et une direction d'acteurs et surtout d'actrices superbe en font un très grand cinéaste. Plus récemment, il a élargi sa palette en traitant de sujets difficiles, tels le transsexualisme dans « Tout sur ma mère » (1999), les relations avec une personne dans le coma dans « Parle avec elle » (2002), l'homosexualité et la pédophilie des prêtres dans « La Mauvaise Éducation » (2004), la souffrance des femmes dans « Volver » (2006), prix d'Interprétation féminine à Cannes. Après « Étreintes brisées » en 2009 et « La piel que habito » en 2011, son dernier film «Les amants passagers » est sorti en 2013.

Vie quotidienne

Vivre à Madrid est une affaire de **rythme** d'abord, de niveau sonore ensuite. Dès l'arrivée, il faut se familiariser avec le déroulement immuable de la journée et les sautes d'humeurs de la pendule. Entre les matins ordinaires, affairés et bruyants, la ville morte de l'après-midi, la folie automobile des soirées et l'interminable fête nocturne, la meilleure façon de profiter de Madrid est de se couler dans ses horaires.
Le matin, la ville se comporte comme n'importe quelle capitale du monde. Vers 11h, il n'est pas interdit de s'arrêter pour un verre, un chocolat chaud ou un café, voire un petit grignotage entre collègues ou amis. Car la matinée se prolonge et il faut souvent attendre 14h avant de passer à table. Le **déjeuner** est une affaire sérieuse, que l'on n'expédie pas en une demi-heure. Les restaurants et tavernes sont pris d'assaut, pour y attaquer un solide menu. À Madrid, comme dans beaucoup de grandes villes, il est rare de pouvoir rentrer chez soi à midi et les bandes de collègues sortent manger ensemble. Le niveau sonore dans les restaurants est très élevé.

La siesta

Même si la plupart des Madrilènes ne peut profiter de la traditionnelle **sieste** que les w.-ends, la ville semble prise de stupeur, les rideaux des petites boutiques se baissent à 14h et ne rouvrent qu' à 17h.
Une partie des Espagnols continue de travailler avec ce type d'horaires (professions libérales surtout) et reste longtemps à table. Il n'est donc pas rare que les restaurants soient encore pleins après 16h. Ensuite, après un copieux repas, ceux qui le peuvent s'arrangent pour faire un somme. Le soir, il est fréquent de quitter le bureau entre 19h et 20h, avant de prévoir un arrêt pour prendre l'apéritif et les tapas. Cette autre occasion de socialiser se prolonge souvent jusqu'à 21h ou même plus tard, quand on est prêt pour le dîner. Enfin, vers minuit commence la **nuit madrilène**, qui n'est absolument pas réservée à la jeune génération.

La marcha

Devenue un symbole de la convivialité nocturne de la capitale, la **marcha madrileña** est une notion héritée de la *movida*. L'expression consacrée *ir de marcha* (littéralement, « aller marcher ») désigne cette façon typiquement madrilène de **faire la fête**, qui consiste à enchaîner *bares de tapas* et *bares de copas*, à bouger d'un club à l'autre, d'une discothèque à la suivante. Et faire la fête version espagnole, c'est aussi boire beaucoup, faire du bruit, draguer, se défouler jusqu'au bout de la nuit. Mais cette notion s'applique surtout aux jeunes Madrilènes tandis que leurs aînés se contentent de « sortir ». À la *marcha*, il faut associer les lieux concernés, car les **différentes tribus** ne se retrouvent pas aux mêmes endroits. Malasaña attire les jeunes branchés plutôt rock underground, Chueca les gays ou les branchés chic, Salamanca les *pijos* BCBG, Lavapiés les branchés intellos…

Économie

Madrid, qui compte aujourd'hui 3 207 247 d'habitants, s'est longtemps contentée du **pouvoir politique et administratif**. La révolution industrielle du 19e s. ne la concerna, au début, qu'à la marge. L'un des moteurs du changement fut l'arrivée du chemin de fer. Après la première ligne Madrid-Aranjuez, en 1851, la capitale fut progressivement reliée à tout le pays. Aujourd'hui, la capitale est au cœur de la crise économique qui touche le pays.

Les atouts du centre

Sa **position centrale** en fit rapidement le **nœud** des communications et des transports, puis une plate-forme commerciale incontournable. De nombreuses industries liées aux transports s'y sont implantées dès le début du 20e s., construction et équipement automobile ou aéronautique, mais aussi industrie chimique et pharmaceutique, sans oublier les nombreuses entreprises de **services**. Pourtant, jusqu'au milieu du 20e s., Madrid n'occupait que la deuxième place en Espagne, derrière Barcelone. Les choses se sont rééquilibrées depuis que la privatisation du secteur public a placé Madrid comme siège de fleurons tels Telefónica, Endesa (électricité), Repsol (hydrocarbures) ou Sacyr (BTP). La capitale concentre 50 % des entreprises de technologie établies en Espagne et de grandes multinationales, comme British Telecom ou IBM, y ont installé une partie de leurs activités.

La manne touristique

Dans les années 1960, lorsque Franco ouvrit les vannes du **tourisme**, une réelle manne financière inonda l'Espagne. L'argent des investisseurs et celui des touristes ont changé le paysage économique. Les premières « tours » qui fleurirent à Madrid, érigées le long du paseo de la Castellana, datent de cette époque. L'irruption de l'Espagne dans le tourisme de masse et son incroyable succès en ont fait l'une des premières destinations mondiales avec plus de 60 millions de visiteurs en 2013. Le siège de l'**OMT** (Organisation mondiale du tourisme) se trouve à Madrid.

Boom immobilier

La fin du 20e s. s'est traduite par une expansion sans précédent, conséquence directe de la transition démocratique réussie, de la stabilité garantie par l'entrée dans l'euro et de taux d'intérêt très faibles. Parmi les moteurs de la croissance, **l'immobilier** a littéralement explosé. Une gigantesque opération de **rénovation et d'aménagement** a eté entamée, misant sur une main-d'œuvre bon marché, issue d'une immigration massive et récente. Mais les limites de ce modèle sont apparues ces dernières années avec la crise économique internationale, aggravée en Espagne par l'éclatement de la bulle immobilière.

Flamenco

Si le berceau du flamenco est l'Andalousie, Madrid, qui a depuis toujours drainé une importante immigration « intérieure », possède une large communauté andalouse, gitane en particulier. Dès le 19e s., on assiste dans la capitale à une large variété de spectacles venus de toutes les régions du pays, de flamenco en particulier. Étroitement liée à la passion de la corrida, la culture *flamenca* souffrit au début du 20e s. d'une réputation sulfureuse. Mais la multiplication des **tablaos**, les bars à flamenco, a permis à cet art si intense de se populariser. Nombre d'interprètes de qualité y ont connu leurs premiers succès et le public touristique est particulièrement demandeur. Si les Madrilènes eux-mêmes fréquentent encore relativement peu les *tablaos*, la mode récente du retour aux racines premières de l'hispanité amène un tout nouveau public, plus jeune et plus intellectuel.

Un patrimoine métissé

L'art flamenco est l'aboutissement d'un riche patrimoine multiculturel. Ses racines sont triples : **arabes, juives et gitanes**.
Décrivant le miracle que constitue la transmission orale d'un art aussi complexe, Mario Bois, le grand spécialiste du flamenco, parle des « vertus profondes du peuple andalou, à la fois rustique et noble, à la fois illettré et savant, ce peuple qui est un des plus grands poètes de l'histoire de l'humanité ».

Du chant

Le chant peut être qualifié de « profond » (**cante jondo**) ou « léger » (**chico**). Si la majorité des *cantaores* est gitane, des non-Gitans *(payos)* ont figuré parmi les plus grands, tels **Pepe de la Matrona** ou **El Niño de Almaden**. Plusieurs familles de chants sont étroitement définies par la tradition. Celle qui occupe une position centrale, en raison de sa fulgurante beauté, est **la soleá** (dérivée du mot *soledad*, solitude), que la **saeta** presque mystique (qui a à voir avec la flèche, « qui frappe au cœur ») rejoint parfois. D'innombrables variantes de chaque chant existent, selon les régions, les villes, les villages ou les quartiers. C'est à partir des années 1930 que le progrès technique a permis de fixer l'art des maîtres absolus que furent les trois grands, **Manolo Caracol**, **Terremoto de Jerez** et **Antonio Mairena**. Dans la décennie 1970, **Carmen Linares** relance l'art du *cante jondo*, avant que le génial **Camarón de la Isla**, trop tôt disparu, n'opère une véritable révolution, associé à la guitare à son complice Paco de Lucía. Plus récemment, **Inés Bacán** ou **Duquende** ont su pérenniser la tradition tout en se libérant d'un carcan trop académique.

De la musique

Sauf pour certains genres particuliers, tels les *martinetes* (chants de forgerons), les *carceleras* (chants de prisonniers) et la *saeta*, la **guitare** accompagne le chanteur. Le jeu se dit *el toque*, caractérisant le toucher sensuel, viril ou fraternel, mais toujours respectueux du chant. Moins encadrés par la tradition que les chanteurs, les instrumentistes ont rapidement su faire évoluer leur art. **Ramón Montoya**, par exemple, est une figure de proue qui a mené la guitare vers les sommets du classicisme. D'autres, en revanche, ont su engager le flamenco dans une voie plus moderne. C'est ainsi que **Paco de Lucía** (décédé en mars 2014), après son fructueux compagnonnage avec Camarón de la Isla, vogua à partir de 1981 vers les rivages du jazz. Avec lui une génération entière se libérait de ce qu'elle considérait comme une contrainte. Le groupe madrilène de flamenco fusion **Ketama** en est le meilleur exemple : dès le début des années 1980, il intègre petit à petit au flamenco des influences latinos, blues, africaines (grâce à la *kora* de Toumani Diabatée), caribéennes, pop, funk et hip-hop. Mais à côté de ces évolutions, d'autres restent fidèles à la tradition, comme le guitariste **Tomatito** (accompagnateur de Camarón de la Isla et de Paco de Lucía).

De la danse

La danse est la seconde composante du flamenco. Pratiquée à égalité par les hommes et les femmes, elle est un art à part entière. Engageant tout le corps, torse et jambes, cou et port de tête, regard, jeux de bras et de mains, elle est porteuse de messages que peu savent de nos jours déchiffrer, hormis les Gitans et les *payos* connaisseurs. Si la transmission de la danse est toujours orale, d'innombrables écoles et académies enseignent aujourd'hui l'essentiel de la tradition.
Les ballets **Pilar Lopez** suivis de **Vicente Escudero** et de la grande **Carmen Amaya** font triompher *el baile flamenco* aux quatre coins du monde. **Mario Maya**, **Manuela Vargas**, **Antonio Gades** (un temps directeur du Ballet national d'Espagne) et sa brillante partenaire **Cristina Hoyos**, ont donné encore une autre dimension à leur art (ces derniers en particulier grâce à leur collaboration avec le cinéaste Carlos Saura).

Le duende

Le flamenco est ainsi sorti depuis longtemps des limites étroites de ses origines andalouses. Il a dépassé sa « fonction » première de mode d'expression d'un peuple ostracisé, les Gitans, et quitte de plus en plus souvent son milieu naturel d'épanouissement, le petit groupe. C'est pourtant là, en famille, entre soi, avec les amis, le clan, au fin fond d'une taverne enfumée, tard dans la nuit, que le *cantaor* ou la *bailaora* atteignent parfois, rarement, le *duende*, ce mot intraduisible qui définit ce moment où l'artiste communie avec ses auditeurs, où sa poésie se fait impalpable, aérienne, magique, quasi mystique. Ces moments-là, le touriste, si respectueux soit-il, n'y assistera pas. Ce qu'il verra et entendra dans les tavernes, même si la qualité est excellente, sera d'un autre ordre et restera… un spectacle, une performance, d'où toute l'intense spiritualité de cet art exigeant sera sans doute absente.

Corrida

Madrid se veut la capitale de la tauromachie. Chaque saison, malgré les **pétitions anticorrida**, les arènes de Las Ventas drainent un public passionné d'aficionados, qui ont leur propre presse et leurs clubs de défenseurs acharnés.

Une longue histoire

Le combat homme contre taureau existe en Espagne depuis le Moyen Âge (on en retrouve la trace dès le 11e s.), mais il se pratiquait alors à cheval.
Les règles de la tauromachie se sont élaborées peu à peu au 18e s. Les amoureux de corrida veulent y voir un art, un **rite** même, dans lequel homme et bête s'affrontent pour la vie ou la mort, chacun devant prouver sa bravoure à la face du monde. Dans ce rituel, tout est codifié, le lieu, le costume, la chronologie du spectacle, l'enchaînement des passes, jusqu'à la mise à mort finale du taureau qui lui donne sa dimension tragique.

Le taureau

Paradoxalement, alors qu'il sera finalement mis à mort, le taureau de combat est très respecté. Son élevage se fait en quasi-liberté, sous la responsabilité d'éleveurs considérés comme une véritable noblesse terrienne. La qualité des taureaux est évaluée suivant des critères précis de « **bravoure** » (entendez agressivité), de « **noblesse** » (qui veut encore dire qu'il fonce droit sur le leurre) ou de « **caste** » (vigueur). Quand ils atteignent deux ans, on mesure leur aptitude au combat en leur faisant passer l'épreuve de la *tienta*.

Le torero

Héros romantique, desperado en habit de lumière, danseur futile et barbare, le torero résume toute la vanité de la corrida. Immense un jour, à terre le lendemain… Mais les grands noms demeurent : **Juan Belmonte**, **Manolete**, **El Cordobés**, **Luis Miguel Dominguín**, **El Juli**, **José Tomás, Sébastien Castella**…

Le combat

Une corrida dure environ 2h et commence en fin d'après-midi. Elle va comporter la mise à mort de six taureaux, âgés de 5 ans et pesant plus de 470 kg. Le spectacle commence en musique par le **paseillo** (défilé) des toreros. Pour chaque taureau, la *faena* (le combat) se partage en **trois tercios** de 5mn chacun. Le premier mêle cavaliers, *peones* (piétons) et matador, dont le but est d'étudier le comportement de l'animal (en l'excitant avec une cape rose) et de réveiller son agressivité. Pour le deuxième *tercio*, les *banderilleros* jouent de l'esquive et de l'adresse pour planter les **banderilles.** Le troisième et dernier *tercio* est celui du *toreo de muleta* et de la mise à mort : le matador, seul dans l'arène, tient la **muleta** rouge pour attirer le taureau avec laquelle il va lui « donner plusieurs séries de *pases* » avant de finir par la mise à mort de l'animal avec une **estocade**.
Le public exprime sonorement son verdict et le torero reçoit les *trofeos* en fonction de sa réussite (une voire deux oreilles ou deux oreilles et la queue).

Musique

La zarzuela

Le 17e s. voit apparaître, à côté du très populaire théâtre, un genre de comédie musicale, mi-parlée, mi-dansée, la **zarzuela**, dont **Calderón de la Barca** est le premier créateur. Comparable à l'opérette, sur des scénarios inspirés de la vie quotidienne du peuple, la zarzuela connaît un formidable regain de popularité à la fin du 19e s., quand un théâtre lui est entièrement consacré à Madrid. Elle devient même l'une des réussites les plus originales de la musique espagnole. Sous l'égide de compositeurs très patriotes, tels **Francisco Barbieri** ou **Joaquín Gaztambide**, on met à la mode l'héritage folklorique des régions espagnoles, sur fond de romances tragiques, corridas ou scènes historiques.

À partir des années 1950, la zarzuela, délaissée pendant la période tragique de l'après-guerre civile, renoue avec le succès, grâce au concours des très grandes voix lyriques que compte l'Espagne, comme celles de **Teresa Berganza**, **Montserrat Caballé**, **Plácido Domingo** et **José Carreras**.

Le pays de la guitare

Au fil des siècles, les musiques populaires n'ont jamais perdu de vue leur héritage judéo-arabe qui finit par s'intégrer à ce qui deviendra le flamenco gitan. La guitare en est l'instrument de prédilection, ce qui explique que les plus grands compositeurs espagnols, notamment à partir du 19e s., l'aient privilégiée dans leur affirmation de l'identité musicale hispanique.

Le compositeur **Fernando Sor** (1778-1839) domine le 19e s. Bien qu'installé à Paris, il resta fidèle à son hispanité et fut celui qui donna à la guitare ses lettres de noblesse, faisant oublier son statut d'instrument populaire. Le Castillan **Francisco Tárrega** (1852-1909), compositeur et guitariste de qualité, a laissé de nombreuses pièces pour son instrument, dont le fameux *Souvenirs de l'Alhambra*.

La guitare a donné en Espagne de grands interprètes, au premier rang desquels **Andrés Ségovia** qui impose l'instrument dans la musique classique. Dans le même esprit, il faut également citer **Narciso Yepes** (1927-1997).

D

E

F

N

O

P

R

S

T

U

V

Z

Collection sous la responsabilité de Philippe Orain

Édition Anne Duquénoy

Rédaction Matilde Miñón, Martin Angel, Christine Barrély, France Bourboulon, Dominique Camus, Alexandra Didier, Mathieu Guillochon, Mélanie Lemaire, Claire Rideau, Sarah Sergent, Magali Triano

Cartographie Michèle Cana, Isabelle Delouvy, Géraldine Deplante

Plan détachable réalisé d'après les données TeleAtlas.

© TeleAtlas 2013

Conception graphique Laurent Muller (couverture et maquette intérieure)

Régie publicitaire et partenariats business-solutions@tp.michelin.com

Le contenu des pages de publicité insérées dans ce guide n'engage que la responsabilité des annonceurs.

Remerciements Didier Broussard (Studio) et Marie Bertin (Iconographie)

QR Codes QR Code est une marque déposée de Denso Wave Incorporated.

Contacts Michelin
Guides Touristiques
27 cours de l'Île Seguin, 92100 Boulogne-Billancourt
Service consommateurs : tourisme@tp.michelin.com
Boutique en ligne : www.michelin-boutique.com

Parution 2014

Michelin Travel Partner

Société par actions simplifiées au capital de 11 288 880 EUR
27 Cours de l'Ile Seguin - 92100 Boulogne Billancourt (France)
R.C.S. Nanterre 433 677 721

Dépôt légal : 05-2014 – ISSN 0293-9436
Compograveur : Michelin Travel Partner, Boulogne-Billancourt
Imprimeur : Printer Trento, Trento
Imprimé en Italie : 05-2014

Usine certifiée 14001
Sur du papier issu de forêts gérées durablement (100 % PEFC)

Écrivez-nous

MICHELIN
NAVIGATION
MICHELIN

MICHELIN
MARSEILLE
France
France